좋다!! 한국어

차 례

단원 주제	문형	기능	상황표현 (활동)	어휘 및 표현	읽기와 쓰기
1과 자기 소개	• N이/가 무엇입니까? • N은/는 N입니다 • 제 N은/는 N입니다	• 자기소개하기 • 기본 문장 표현하기	• 처음 만난 사람과 인사하고 자기소개하기 • 그동안 배운 인사말 활용 하기	• 무엇 • 나라 이름 • 직업 관련 어휘	• 그림 보고 정보 찾기 • 자기소개글 쓰기
2과 교실	• N은/는 N입니까? • 네, N입니다 • 아니요, N이/가 아닙니다	• 지시어로 표현하기 • 사물 소개하기 • 명사 긍정/ 부정 표현하기	• 사물 이름 짝과 함께 묻고 대답하기 • 그림 보고 사물 맞추기	• 사물 어휘	• 글 읽고 정보 찾기
3과 장소1	• N(장소)에 갑니까/ 옵니까? • N(장소)에 갑니다/ 옵니다 • N도	• 장소 표현하기 • 이동 표현하기	• 장소 이름 묻고 대답히기 • 그림 보고 장소 맞추기	• 장소 이름 • 학교 시설물 이름	• 글 읽고 정보 찾기
4과 장소2	• N을/를 V-습니다/ㅂ니다 • N(장소)에서 • N과/와 같이[함께]	• 동작 표현하기	• 특정 장소에서 하는 동작 말하기 • 그림 보고 동사 맞추기 • 몸으로 표현하고 맞추기 (동사/장소)	• 기본 동사	• 장소와 동작 연결한 글 읽기 • 글 읽고 정보 찾기
5과 날씨	• N이/가 A-습니까/ ㅂ니까? • 네, A/V-습니다/ ㅂ니다 • 아니요, A/V-지 않습니다 • N의	• 날씨 표현하기 • 동사 긍정/부정 표현하기 • 소유 표현하기	• 긍정과 부정으로 묻고 답하기 • 여러 나라의 날씨에 대해 이야기하기 • 소유관계 이야기하기	• 어떻다 • 날씨 관련 형용사 (춥다/덥다/맑다/흐리다)	• 날씨와 생활 읽기 • 자기 나라의 날씨 특징 쓰기
6과 위치	• N이/가 있습니다 [없습니다] • N과/와 N [N하고 N] • (장소)-에/에도/에는	• 위치 표현하기 • 수 표현하기	• 위치 묻고 대답하기 • 이야기하기	• 위치 관련 어휘 • (위/아래/옆/앞/뒤 등) • 층 • 숫자(1~10)	• 글 읽고 정보 찾기 • 그림 보고 위치 관련 글쓰기 • 자기 방 소개 글 쓰기
7과 일상 생활	• A/V-아요/어요 • S-지만 S • '_' 탈락	• 비격식체로 표현하기 • 두 문장 연결 하여 표현하기	• 비격식체로 묻고 답하기 • 문장 연결해서 말하기 • 주변 사물/친구에 대해 형용사로 말하기	• 일상생활 관련 형용사 • (크다/작다/많다/적다/ 싸다/비싸다 등)	• 친구와 나를 비교해 서 쓰기 • 일상생활에 대한 내용 읽기

단원 주제	문형	기능	상황표현 (활동)	어휘 및 표현	읽기와 쓰기
8과 요일	• N이에요/예요 • S-고〈나열〉 • N(시간)에	• 요일 표현하기 • 일주일 생활 　이야기하기	• 요일 표현해서 말하기 • 친구와 일주일 생활 　이야기하기	• 어제/오늘/내일 • 요일(월요일~일요일) • 주말	• 알맞은 조사 넣어 글 　완성하기, • 나의 일주일 쓰기
9과 날짜	• 'ㅂ'불규칙 • A/V-았/었- • N에서 오다〈방향〉	• 날짜 표현하기 • 과거 시제 　표현하기	• 달력 보고 친구와 이야기 　하기 • 어제(주말) 일과 이야기 　하기	• 몇 년/몇 월/며칠 • 그저께/모레 • 지난주/이번 주/다음 주 • 작년/올해/내년 • 숫자(11~만 단위)	• 달력 보고 정보 　찾기, '나의 주말 이야기' 읽기 • 일기 쓰기
10과 시간	• S-고 S〈선후관계〉 • -시 -분 • 안 V / A	• 시간 표현하기 • 나이 이야기 　하기 • 부정문 만들기 • 선후 관계 　표현하기	• 시계 보고 이야기하기 • 친구와 하루 일과 말하고 　시간표 만들기 • 문장 연결해 이야기 　만들기	• 한글 숫자 　(하나, 둘…/한, 두…) • 뭐/뭘 • 쯤	• 나의 하루 일과 　쓰기
11과 가족	• A/V-(으)시- • N(이)시- • N께서(는)	• 가족 소개 • 높임말 사용 　하기	• 자기 가족 소개하기 • 친구 가족에 대해 묻고 　답하기	• 가족 관련 어휘 • 높임법 어휘(계시다/ 　드시다/명/분) • 우리 • 누구/누가	• 가족 소개글 쓰기
12과 물건 사기	• N은/는 얼마예요? • N에 얼마예요? • 수량명사 개/병/원 등 • V-(으)십시오/- • (으)세요〈명령, 존칭〉	• 물건 사기 • 가격 물어보기 • 수량명사로 　표현하기	• 그림 보고 가격 말하기 • 물건 사기 역할 놀이	• 시장 • 얼마, 원 • 그리고	• 쇼핑하기 • 대화문 만들기
13과 제안	• V-(으)ㄹ까요 • V-(으)ㅂ시다 • S-(으)니까-S • 'ㄷ' 불규칙 활용	• 제안하기 • 주문하기	• 친구와 메뉴 고르기 • 식당에서 음식 주문하기 　역할 놀이	• 음식 이름, 메뉴, 식당 　(그림)	• 식당에서 주문하기 • 대화 만들기(말풍선)
14과 교통	• V-(으)러 가다 • N을/를 타다 • N에서 내리다 • 어떻게	• 교통수단 이용 　하기	• 버스 타고 목적지 　찾아가기 • 집에 가는 방법 이야기 　하기	• 교통수단 관련 어휘 　(버스/지하철/택시/ 　비행기/기차/배 등)	• 베트남과 한국의 　교통수단 비교하는 　글읽기

교수요목

단원 주제	문형	기능	상황표현 (활동)	어휘 및 표현	읽기와 쓰기
15과 길찾기	• S-아서/어서 S • N으로(수단) • N으로 가다[오다]	• 길 찾기 • 방향 표현하기	• 지하철 노선도 보고 목적지 찾아가기 • 지도 보고 길 찾기/안내	• 역 이름, 출구 • 방향 관련 어휘	• 길 찾기, 대화문 보고 정보 찾기, • 학교에 오는 방법 쓰기
16과 계획	• V-(으)ㄹ 거예요 〈미래〉 • N도 V-고 • N도 V-고 • N에게[한테] N을/를 주다 • N께 N을/를 드리다 • N께서 N을/를 주시다	• 계획 말하기 • 초대하기 • 축하하기	• 각 나라 생일 축하 풍습/음식 말하기 • 생일 축하 노래하기 • 생일 계획 말하기	• 생일 관련 어휘	• 생일 초대카드 읽기, • 생일초대장 쓰기
17과 취미	• V-기를 좋아하다 [싫어하다] • S-아서/어서 S 〈이유〉 • V-아/어 보다 〈시도〉	• 취미 이야기 하기	• 그림 보고 취미활동 맞추기 • 친구와 취미말하기	• 취미에 관련 어휘 (영화/컴퓨터/피아노/그림/춤/운동 등) • 시간이 있다	• 취미생활에 대한 글 읽기 • 자신의 취미 생활 쓰기
18과 능력	• V-(으)ㄹ 수 있다[없다] • 잘 V / 못 V / 잘 못 V • V-는 N • A-군요 / V-는군요 / N(이)군요	• 가능/능력 말하기	• 자기 자랑하기 • 'V-는 사람' 게임 (반 친구 묻고 답하기) • '예/아니오' 게임 (할 수 있는 일/없는 일)	• 특기 관련 어휘 • 운동 관련 어휘	• 자신의 능력을 소개하는 글쓰기
19과 미래, 꿈	• V-고 싶다/싶어하다 • V-겠- 〈미래〉 • A-은/ㄴ N • N인 N	• 나의 꿈, 희망 말하기	• 미래의 꿈 이야기하기 • 자신이 하고 싶은 일 말하기	• N이/가 되다 • 일	• 미래에 하고 싶은 일 쓰기
20과 추측	• A/V-(으)ㄹ까요? 〈추측〉 • A/V-(으)ㄹ 거예요 〈추측〉 • N보다 더 A • '르' 불규칙 활용	• 여행 계획 이야기하기 • 비교해서 말하기	• 친구와 여행 계획 세우기 • 반 친구/사물 비교해서 말하기	• 여행 관련 어휘	• 여행기행문 읽기 • 여행 계획 쓰기
21과 증상	• V-아야/어야 되다[하다] • V-지 마세요 • N부터 N까지	• 증상 설명하기 • 기간 말하기	• 병원 또는 약국에서의 상황극 말하기	• 아프다 • 신체 부위 • 병원/약국 관련 어휘 • 증상 관련 어휘	• 감기와 관련된 글 읽기 • 해야 할 일/하지 말아야 할 일 규칙 만들어 쓰기

단원 주제	문형	기능	상황표현 (활동)	어휘 및 표현	읽기와 쓰기
22과 비교	• 제일/가장 • N이나 〈선택〉 • V-은/ㄴ N • V-을/ㄹ N	• 물건 비교하여 고르기	• 비교하여 더 좋은 것 선택하기	• 어떤 • 구매 관련 어휘	• 자신의 이상형에 대해 글쓰기
23과 진행	• V-고 있다 • V-(으)면서 • A/V-(으)니까요	• 동작의 진행 표현하기 • 동시 동작 표현하기	• 친구에게 전화해서 안부 묻기 • 몸으로 표현하고 맞추기 (동시동작)	• 전화 관련 어휘 (여보세요/ • 전화(를) 하다 /전화(를) 받다)	• 사진 묘사하는 글 읽고 정보 찾기 • 전화로 대화하는 글쓰기
24과 대조	• S-은데/ㄴ데/는데 S • N인데〈대조〉 • N 전에/후에 • 'ㄹ' 탈락	• 친구에 대해 말하기 • 대조해서 말하기	• 내 친구 소개하기	• 그래서	• 가장 친한 반 친구 소개하는 글쓰기
25과 은행	• V-(으)려고 하다 • V-아/어 주다 〈봉사〉	• 은행 업무 보기 • 환전하기 • 통장 만들기	• 환전하기 역할 놀이	• 은행, 환전, 카드, 통장	• 친구를 도와준 경험 또는 친구가 도와준 경험 글쓰기
26과 경험	• S-은데/ㄴ데/는데 S 〈배경〉 • V-아/어 보다 〈경험〉	• 경험 이야기 하기	• 경험 이야기하기	• N달/N개월 • N때	• 한국에서의 여행 경험담 읽고 정보 찾기 • 한국에 와서 해 본 일 중에 가장 기억에 남는 일 쓰기
27과 약속	• V-기로 하다 • A/V-지요? N(이)지요? • A/V-았/었지요? • N이었/였지요? • V-(으)ㄹ게요	• 약속하기	• 친구와 약속하고 이야기 하기 • 들은 것을 확인하는 대화 만들기	• 약속하다	• 친구와 여행계획을 이야기하고 말한 내용 쓰기
28과 가정	• S-(으)면 S • V-기 전에 • V-은/ㄴ 후에	• 조건 말하기 • 가정해서 말하기	• 가정법 사용해서 말하기 • 방학 계획 말하기	• 방학 • 아직(+부정 표현) • N동안	• 편지 읽기, • 5년 후 내 모습 쓰기

LESSON 1

저는 학생입니다

학습 목표 자기소개 하기

문 법
1. N이/가 무엇입니까?
2. N은/는 N입니다
3. 제 N은/는 N입니다

여러분은 이름이 무엇입니까?

여러분은 어느 나라 사람입니까?

본문

선생님 : 안녕하세요? 여러분 만나서 반갑습니다.
　　　　저는 최수진입니다. 저는 선생님입니다. 이름이 무엇입니까?

호　앙 : 안녕하세요? 저는 호앙입니다.

선생님 : 직업이 무엇입니까?

호　앙 : 저는 학생입니다.

선생님 : 어느 나라 사람입니까?

호　앙 : 저는 베트남 사람입니다.

왕　밍 : 안녕하세요? 제 이름은 왕밍입니다. 저는 중국 사람입니다.
　　　　제 직업은 의사입니다. 만나서 반갑습니다.

선생님 이름이 무엇입니까?

왕밍 씨는 어느 나라 사람입니까?

어휘와 표현

저 / 제	이름	무엇	중국
베트남	사람	학생	반갑다[반갑따]
주부	어느 나라	만나다	취미

① 직업

| 선생님 | 학생 | 의사 | 간호사 | 주부 |

| 운동선수 | 가수 | 배우 | 여행안내원 | 회사원 |

| 요리사 | 경찰관 | 운전사 | 기자 | 군인 |

② 나라(사람)

한국입니다.
한국 사람입니다.
저는 중국 사람입니다.

가 : 어느 나라 사람입니까?
나 : 저는 베트남 사람입니다.

한국	중국	일본	베트남	몽골
미국	프랑스	독일	영국	캐나다
러시아	터키	카메룬	태국	이탈리아

문법

1 N이/가 무엇입니까?

N	받침 O	N이 무엇입니까?	이름이 무엇입니까?
	받침 X	N가 무엇입니까?	취미가 무엇입니까?

이름이 무엇입니까?

직업이 무엇입니까?

2 N은/는 N입니다

N	받침 O	N은 N입니다	이름은 지영입니다
	받침 X	N는 N입니다	친구는 한국 사람입니다

가 : 이름이 무엇입니까?

나 : 저는 호앙입니다.

가 : 직업이 무엇입니까?

나 : 저는 회사원입니다.

연습 1 [보기]와 같이 질문에 대답해 봅시다.

> **보기**
>
> 가 : 이름이 무엇입니까?
> 나 : (율리아) 저는 율리아입니다.

(1) 가 : 이름이 무엇입니까?

   나 : (호앙) _____.

(2) 가 : 이름이 무엇입니까?

   나 : (엥크) _____.

(3) 가 : _____?

   나 : (준코) _____.

(4) 가 : _____?

   나 : (   ) _____.

연습 2 [보기]와 같이 대화를 만들어 봅시다.

가 : 최수진 씨는 직업이 무엇입니까?
나 : 저는 선생님입니다.

(1) 호앙, 회사원   가 : _____

나 : _____

(2) 율리아, 주부   가 : _____

나 : _____

(3) 라이언, 배우   가 : _____

나 : _____

(4) 정우, 학생   가 : _____

나 : _____

③ 제 N은/는 N입니다

가 : 이름이 무엇입니까?
나 : 제 이름은 김정우입니다.

가 : 직업이 무엇입니까?
나 : 제 직업은 회사원입니다.

가 : 취미가 무엇입니까?
나 : 제 취미는 운동입니다.

연습 1 [보기]와 같이 문형 연습을 해 봅시다.

> **보기**
>
> 가 : 이름이 무엇입니까?
> 나 : (율리아) 제 이름은 율리아입니다.

(1) 가 : 이름이 무엇입니까?

　　나 : (라이언) _____ .

(2) 가 : 직업이 무엇입니까?

　　나 : (의사) _____ .

(3) 가 : 이름이 무엇입니까?

　　나 : (엥크) _____ .

(4) 가 : _____ ?

　　나 : (　　) _____ .

연습 2 [보기]와 같이 친구와 함께 묻고 대답해 봅시다.

	이름	얼굴	직업	나라
(1)	호앙		회사원	베트남
(2)				
(3)				
(4)				

듣기

문제 1 다음을 잘 듣고 알맞은 것을 연결해 봅시다.

(1) 김정우 ・ ・ ㄱ ・ ・ ⓐ

(2) 라이언 ・ ・ ㄴ ・ ・ ⓑ

(3) 율리아 ・ ・ ㄷ ・ ・ ⓒ

(4) 준코 ・ ・ ㄹ ・ ・ ⓓ

문제 2 다음을 잘 듣고 빈 칸에 알맞은 말을 써 봅시다.

> 안녕하세요?
> _____ 호앙입니다.
> _____ 사람입니다.
> 제 직업은 _____ 입니다.
> 만나서 반갑습니다.

 읽기

※ 다음을 읽고 질문에 답하십시오.

학생증 / 대학교 / 국적

문제 1 김정우 씨는 어느 나라 사람입니까?

문제 2 김정우 씨는 직업이 무엇입니까?

 말하기

※ 이야기해 봅시다.

> 호앙 : 안녕하세요? 저는 호앙입니다.
> 이름이 무엇입니까?
>
> 지영 : 안녕하세요? 제 이름은 김지영입니다.
>
> 호앙 : 지영 씨는 어느 나라 사람입니까?
>
> 지영 : 저는 한국 사람입니다.
>
> 호앙 : 지영 씨는 직업이 무엇입니까?
>
> 지영 : 저는 회사원입니다.
>
> 호앙 : 만나서 반갑습니다.
>
> 지영 : 네 반갑습니다.

이름	나라	직업	이름	나라	직업
김지영	한국	회사원			

 쓰기 Writing

※ 자기소개를 써 봅시다.

2

LESSON

이것이 무엇입니까?

①이 무엇입니까?

②가 무엇입니까?

본문

선생님 : 이것이 무엇입니까?

왕　밍 : 그것은 시계입니다.

선생님 : 그것은 달력입니까?

호　앙 : 아니요, 이것은 달력이 아닙니다.
　　　지도입니다.

준　코 : 왕밍 씨, 그것은 창문입니까?

왕　밍 : 네, 이것은 창문입니다.
　　　선생님, 저것은 무엇입니까?

선생님 : 저것은 텔레비전입니다.

선생님의 카드가 무엇입니까?

왕밍 씨의 카드는 텔레비전입니까?

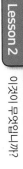

어휘와 표현

이것/그것/저것	시계	달력	지도
지도	텔레비전	네	아니요

① 사물 명사

휴대폰	볼펜	연필	지우개	필통
책	공책	안경	시계	사전
선풍기	에어컨	텔레비전	냉장고	침대
의자	책상	창문	문	칠판

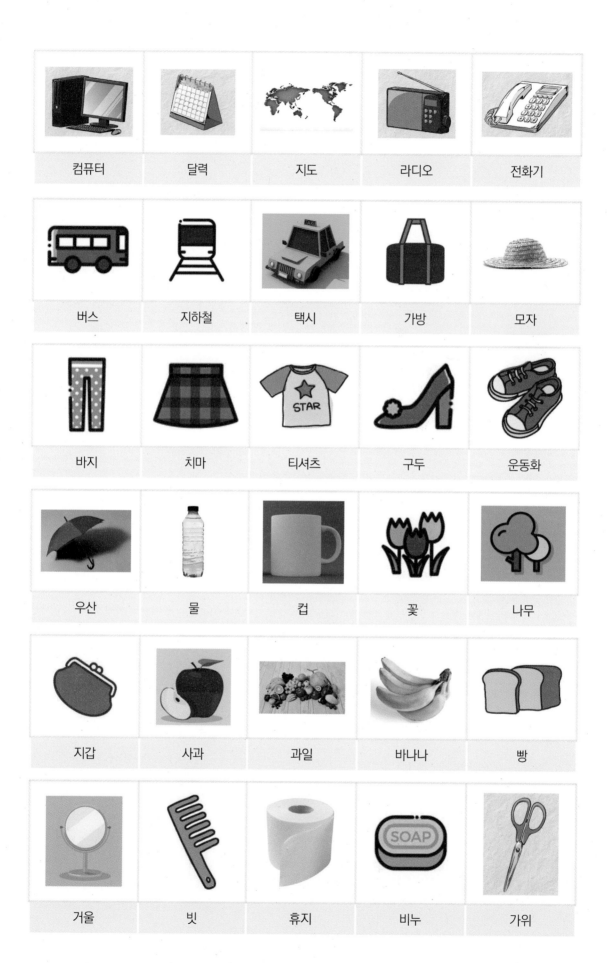

컴퓨터	달력	지도	라디오	전화기
버스	지하철	택시	가방	모자
바지	치마	티셔츠	구두	운동화
우산	물	컵	꽃	나무
지갑	사과	과일	바나나	빵
거울	빗	휴지	비누	가위

문법

1 N은/는 N입니까?

N	받침 O	N은 N입니까?	이것은 무엇입니까?
	받침 X	N는 N입니까?	지영 씨는 학생입니까?

이것은 무엇입니까?

그것은 책상입니까?

저것은 운동화입니까?

가: 이것은 무엇입니까?

나: 그것은 텔레비전입니다.

가: 그것은 무엇입니까?

나: 이것은 책상입니다.

가: 저것은 컵입니까?

나: 저것은 컵입니다.

연습 1 [보기]와 같이 대화를 만들어 봅시다.

가 : (이것)이것은 무엇입니까?
나 : (그것, 창문) 그것은 창문입니다.

(1) 가 : (그것) _____ ?

 나 : (이것, 잡지) _____ .

(2) 가 : (저것) _____ ?

 나 : (저것, 우산) _____ .

(3) 가 : (그것) _____ ?

 나 : (이것, 컵) _____ .

(4) 가 : (저것) _____ ?

 나 : (저것, 의자) _____ .

(5) 가 : (이것) _____ ?

 나 : (그것, 달력) _____ .

연습 2 [보기]와 같이 대화를 만들어 봅시다.

> **보기**
>
> 가 : 이것은 무엇입니까?
> 나 : 그것은 창문입니다.

(1) 가 : _____ ?

　나 : (지도) _____ .

(2) 가 : _____ ?

　나 : (나무) _____ .

(3) 가 : _____ ?

　나 : (안경) _____ .

(4) 가 : _____ ?

　나 : (시계) _____ .

(5) 가 : _____ ?

　나 : (빗) _____ .

② 네, N입니다

가 : 호앙 씨입니까?

나 : 네, 저는 호앙입니다.

가 : 이것은 시계입니까?

나 : 네, 시계입니다.

연습 1 [보기]와 같이 문형 연습을 해 봅시다.

> **보기**
>
> 가 : (이것, 책) 이것은 책입니까?
>
> 나 : (네, 그것) 네, 그것은 책입니다.

(1) 가 : (그것, 우산) _____ ?

　　나 : (네, 이것) _____ .

(2) 가 : (저것, 전화기) _____ ?

　　나 : (네, 저것) _____ .

(3) 가 : (이것, 강아지) _____ ?

　　나 : (네, 그것) _____ .

(4) 가 : (그것, 우산) _____ ?

　　나 : (네, 이것) _____ .

(5) 가 : _____ ?

　　나 : _____ .

③ 아니요, N이/가 아닙니다

N	받침 O	N이 아닙니다	책상이 아닙니다
	받침 X	N가 아닙니다	의자가 아닙니다.

가 : 김정수 씨입니까?

나 : 아니요, 제 이름은 김정수가 아닙니다.

　　김정우입니다.

가 : 선생님입니까?

나 : 아니요, 저는 선생님이 아닙니다.

　　제 직업은 여행안내원입니다.

가 : 이것은 책상입니까?

나 : 아니요, 그것은 책상이 아닙니다.

　　그것은 의자입니다.

연습 1　[보기]와 같이 빈칸에 알맞은 말을 써 봅시다.

보기

선생님(이) 아닙니다.

(1) 책(　　) 아닙니다.

(2) 의자(　　) 아닙니다.

(3) 공책(　　) 아닙니다.

(4) 라디오(　　) 아닙니다.

(5) 모자(　　) 아닙니다.

(6) 선풍기(　　) 아닙니다.

(7) 에어컨(　　) 아닙니다.

(8) 거울(　　) 아닙니다.

연습 2 [보기]와 같이 문형 연습을 해 봅시다.

> 가 : (저것, 고양이) 저것은 고양이입니까?
> 나 : (아니요, 토끼) 아니요, 고양이가 아닙니다.
>   저것은 토끼입니다.

(1) 가 : (그것, 우산) _____ ?

　　나 : (아니요, 연필) _____

　　_____

(2) 가 : (저것, 바나나) _____ ?

　　나 : (아니요, 사과) _____ .

　　_____

(3) 가 : (이것, 버스) _____ ?

　　나 : (아니요, 지하철) _____

　　_____

(4) 가 : (이것, 바지) _____ ?

　　나 : (아니요, 티셔츠) _____

　　_____

(5) 가 : (저것, 물) _____ ?

　　나 : (아니요, 주스) _____

　　_____

연습 3 그림을 보고 [보기]와 같이 대화를 만들어 봅시다.

(최수진 / 선생님)
가 : 최수진 씨는 선생님입니까?
나 : 네, 저는 선생님입니다.

(1)

가 : _____?

나 : _____.

(호앙/회사원)

(2)

가 : _____?

나 : _____.

(네띠넷/여행안내원)

(3)

가 : _____?

나 : _____.

(라이언/의사)

(4)

가 : _____?

나 : _____.

(엥크/경찰관)

 듣기

연습 1 다음을 잘 듣고 <u>틀린</u> 것을 고르십시오. (   )

① 저는 학생입니다.
② 직업은 의사입니다.
③ 저는 베트남 사람입니다.
④ 저는 선생님이 아닙니다.

연습 2 다음을 잘 듣고 맞으면 ○, 틀리면 × 하십시오.

(1)

(2)

(3)

(4)

 **읽기**

※ 다음을 읽고 질문에 답하십시오.

왕밍 : 그것은 동물입니까?

지영 : 아니요, 이것은 동물이 아닙니다.

왕밍 : 그것은 과일입니까?

지영 : 아니요, 이것은 과일이 아닙니다.

왕밍 : 그것은 옷입니까?

지영 : 아니요, 옷이 아닙니다.

왕밍 : 그것은 꽃입니까?

지영 : 네, 이것은 꽃입니다.

동물 / 옷

문제 1 위 글의 내용과 같은 것을 고르십시오. ( )

① 이것은 옷입니다.

② 이것은 과일입니다.

③ 이것은 꽃이 아닙니다.

④ 이것은 동물이 아닙니다.

문제 2 이것은 무엇입니까? ( )

① 　②　③　④

33

※ 그림을 보고 이야기해 봅시다.

(1)

지영: ① 이것은 무엇입니까?

엥크: 그것은 컴퓨터입니다.

(2)

지영: ②＿＿＿＿ (은/는) 무엇＿＿＿＿?

엥크: ＿＿＿＿ (은/는) ＿＿＿＿ 입니다.

(3)

지영: ③＿＿＿ (은/는) 무엇＿＿＿＿?

엥크: ＿＿＿ (은/는) ＿＿＿ 입니다.

(4)

지영: ④＿＿＿ (은/는) 무엇＿＿＿＿?

엥크: ＿＿＿ (은/는) ＿＿＿ 입니다.

(5)

지영: ⑤ 저것은 칠판입니까?

엥크: 네, 저것은 칠판입니다.

(6)

지영: ⑥＿＿＿ (은/는) 우산＿＿＿＿?

엥크: ＿＿＿, 우산＿＿＿ 아닙니다.

＿＿＿ (은/는) ＿＿＿ 입니다.

(7)

지영: ⑦＿＿＿ (은/는) 칠판＿＿＿?

엥크: ＿＿＿, 칠판＿＿＿ 아닙니다.

＿＿＿ (은/는) ＿＿＿ 입니다.

(8)

지영: ⑧＿＿＿ (은/는) 시계＿＿＿?

엥크: ＿＿＿, ＿＿＿ (은/는) ＿＿＿ 입니다.

쓰기

※ 교실 물건을 보고 대화를 만들어 봅시다.

3

LESSON

학교에 갑니다

학습 목표	장소 명사 말하기
문 법	1. 어디에 갑니까? 2. N에 갑니다/옵니다. 3. N도

여기가 어디입니까?

여러분은 어디에 갑니까?

본문

정 우 : 호앙 씨, 안녕하세요?

호 앙 : 네, 안녕하세요?
　　　정우 씨, 어디에 갑니까?

정 우 : 편의점에 갑니다.

호 앙 : 편의점이 어디입니까?

정 우 : 저기가 편의점입니다.
　　　호앙 씨도 편의점에 갑니까?

호 앙 : 아니요, 저는 학교에 갑니다.

정우 씨는 어디에 갑니까?

편의점은 어디입니까?

어휘와 표현

여기/거기/저기	어디	가다
편의점	학교	

1 장소

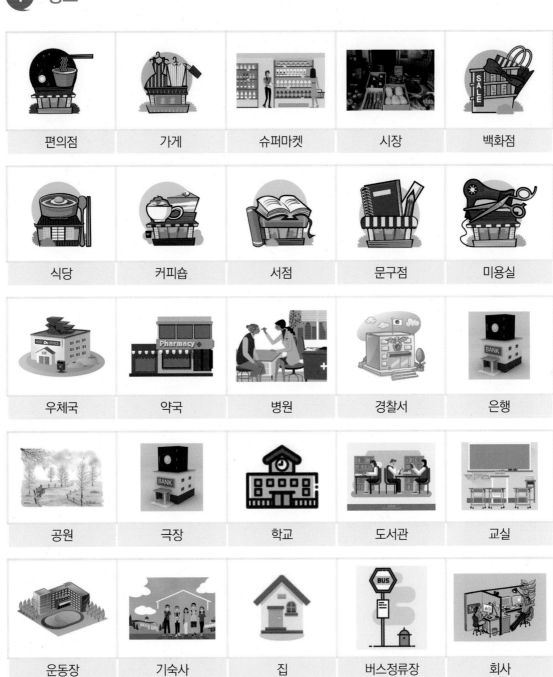

편의점	가게	슈퍼마켓	시장	백화점
식당	커피숍	서점	문구점	미용실
우체국	약국	병원	경찰서	은행
공원	극장	학교	도서관	교실
운동장	기숙사	집	버스정류장	회사

연습 1 [보기]와 같이 대화를 만들어 봅시다.

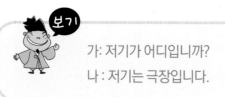

> 가: 저기가 어디입니까?
> 나 : 저기는 극장입니다.

(1) 가 : (저기) _____ .

　나 : (미국) _____ .

(2) 가 : (저기) _____ .

　나 : (백화점) _____ .

(3) 가 : (여기) _____ .

　나 : (극장) _____ .

(4) 가 : (저기) _____ .

　나 : (가게) _____ .

(5) 가 : (여기) _____ .

　나 : (편의점) _____ .

(6) 가 : (거기) _____ .

　나 : (문구점) _____ .

(7) 가 : (저기) _____ .

　나 : (집) _____ .

연습 2 그림을 보고 [보기]와 같이 질문에 대답해 봅시다.

> **보기**
>
> 가 : 여기는 편의점입니까??
> 나 : 아니요, 여기는 편의점이 아닙니다.
> 회사입니다.

(1) 가 : 여기는 미국입니까?

나 : _____ .

_____ .

(2) 가 : 여기는 회사입니까?

나 : _____ .

_____ .

(3) 가 : 여기는 기숙사입니까?

나 : _____ .

_____ .

(4) 가 : 여기는 시장입니까?

나 : _____ .

_____ .

(5) 가 : 여기는 병원입니까?

나 : _____ .

_____ .

(6) 가 : 여기는 문구점입니까?

나 : _____ .

_____ .

(7) 가 : 여기는 경찰서입니까?

나 : _____ .

_____ .

 문법

1 N(장소)에 갑니까/옵니까?

N	받침 O	에	교실에
	받침 X		학교에

어디에 갑니까?

극장에 갑니까?

집에 옵니까?

학교에 옵니까?

2 N(장소)에 갑니다/옵니다

가: 어디에 갑니까?

나: 학교에 갑니다.

가: 학교에 옵니까?

나: 아니요, 백화점에 갑니다.

연습 1 [보기]와 같이 문형 연습을 해 봅시다.

> 가: 어디에 갑니까?
>
> 나 : 회사에 갑니다.

(1) 가 : _____?

　　나 : (한국) _____.

(2) 가 : _____?

　　나 : (편의점) _____.

(3) 가 : _____?

　　나 : (은행) _____.

(4) 가 : _____?

　　나 : (학교) _____.

(5) 가 : _____?

　　나 : (병원) _____.

연습 2 그림을 보고 [보기]와 같이 대화를 만들어 봅시다.

가 : 학교에 갑니까?
나 : 아니요, 회사에 갑니다.

(1)

가 : (병원) _____ ?

나 : _____ .

(2)

가 : (약국) _____ ?

나 : _____ .

(3)

가 : (병원) _____ ?

나 : _____ .

(4)

가 : (은행) _____ ?

나 : _____ .

(5)

가 : (식당) _____ ?

나 : _____ .

(6)

가 : (문구점) _____ ?

나 : _____ .

(7)

가 : (편의점) _____ ?

나 : _____ .

3 N도

N	받침 O	도	책도
	받침 X		사과도

저는 학생입니다.

제 친구도 학생입니다.

이것은 컵입니다.

저것도 컵입니다.

여기는 교실입니다.

저기도 교실입니다.

율리아 씨가 학교에 갑니다. 라이언 씨도 학교에 갑니다.

율리아 씨가 학교에 갑니다. 도서관에도 갑니다.

연습 1 [보기]와 같이 문장을 만들어 봅시다.

보기

저는 한국 사람입니다. 정우 씨도 한국 사람입니다.

(1) 저는 학생입니다. 제 친구 ....

(2) 이것은 책입니다. 저것 ....

(3) 저는 우체국에 갑니다. 식당 ....

🎧 듣기

문제 1 잘 듣고 맞는 대화를 고르십시오. (   )

①   ②   ③   ④

문제 2 다음을 잘 듣고 맞는 것을 고르십시오. (   )

①여기는 병원입니다.

②저는 백화점에 갑니다.

③호앙 씨 직업은 간호사입니다.

④오늘 준코 씨가 호앙 씨 집에 옵니다.

문제 3 2번을 다시 듣고 (   )에 알맞은 말을 쓰십시오.

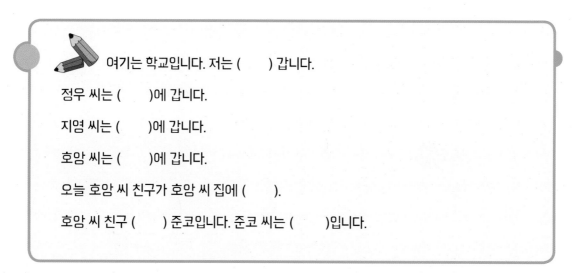

여기는 학교입니다. 저는 (   ) 갑니다.

정우 씨는 (   )에 갑니다.

지영 씨는 (   )에 갑니다.

호앙 씨는 (   )에 갑니다.

오늘 호앙 씨 친구가 호앙 씨 집에 (   ).

호앙 씨 친구 (   ) 준코입니다. 준코 씨는 (   )입니다.

읽기

※ 다음을 읽고 맞으면 O, 틀리면 X 하십시오.

> 정우 : 준코 씨, 어디에 갑니까?
>
> 준코 : 저는 친구 집에 갑니다.
>
> 정우 : 준코 씨 친구는 한국 사람입니까?
>
> 준코 : 아니요, 제 친구는 베트남 사람입니다.
>
>   정우 씨는 어디에 갑니까?
>
> 정우 : 저는 도서관에 갑니다.
>
> 준코 : 도서관이 어디입니까?
>
> 정우 : 저기가 도서관입니다.
>
> 준코 : 네, 안녕히 가세요.

문제 1 정우씨는 도서관에 갑니다. ◎ ⊗

문제 2 준코 씨는 집에 갑니다. ◎ ⊗

문제 3 준코 씨 친구는 한국 사람입니다. ◎ ⊗

 말하기

※ [보기]와 같이 이야기해 봅시다..

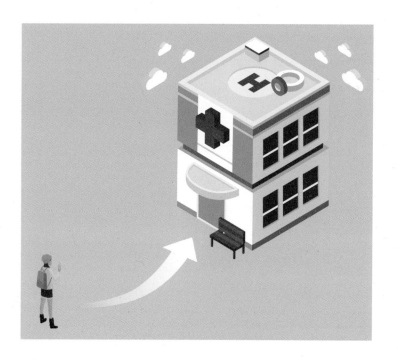

 보기

가 : ○○○ 씨, 안녕하세요? 어디에 갑니까?
나 : 우체국에 갑니다. ○○○ 씨는 어디에 갑니까?
가 : 저는 병원에 갑니다.
나 : 네, 안녕히 가세요.

가	나
병원	우체국
슈퍼마켓	기숙사
시장	편의점
경찰서	백화점
극장	은행
대사관	문구점
운동장	식당

쓰기

※ 친구와 이야기한 것을 써 봅시다.

4

LESSON

운동장에서 배드민턴을 칩니다

학습 목표	동작 표현하기
문 법	1. N을/를 V-습니다 /ㅂ니다 2. N(장소)에서 3. N과/와 같이[함께] ↔ 혼자

여기가 어디입니까?

여기에서 무엇을 합니까?

본문

정　우 : 도서관에 갑니다. 준코 씨는 어디에 갑니까?

준　코 : 저는 운동장에 갑니다.

정　우 : 운동장에서 무엇을 합니까?

준　코 : 운동장에서 배드민턴을 칩니다. 달리기도 합니다.

정　우 : 친구와 같이 달리기를 합니까?

준　코 : 아니요, 달리기는 혼자 합니다.

정우 씨는 어디에 갑니까?

준코 씨는 무엇을 합니까?

어휘와 표현

도서관	운동장	배드민턴	치다
달리기	하다	친구	

1 운동(을) 하다

운동을 합니다.

공부를 합니다.

달리기를 합니다.

2 배드민턴(을) 치다

배드민턴을 칩니다.

테니스를 칩니다.

탁구를 칩니다.

3 공부(를) 하다

한국어를 공부합니다.

영어를 공부합니다.

4 동사

먹다	마시다	(잠을) 자다	일어나다	쓰다
읽다	듣다	말하다	가르치다	배우다
공부하다	숙제하다	사다	쇼핑하다	(사진을)찍다
웃다	울다	씻다	샤워하다	목욕하다

| 빨래하다 | 청소하다 | 운동하다 | 노래하다 | 춤추다 |

| 이야기하다 | 만나다 | 보다 | 전화하다 | 일하다 |

| 쉬다 | 운전하다 | 요리하다 | | |

			먹다 → 먹습니다
	받침 O	-습니다	듣다 → 듣습니다
			읽다 → 읽습니다
V			입다 → 입습니다
			사다 → 삽니다
	받침 X	-ㅂ니다	보다 → 봅니다
			마시다 → 마십니다
			공부하다 → 공부합니다

연습 1 동사 활용 연습을 해 봅시다.

번호	동사	-습니다/ㅂ니다	번호	동사	-습니다/ㅂ니다
1	사다	삽니다	16	일어나다	
2	보다		17	웃다	웃습니다
3	자다		18	걷다	
4	마시다		19	쉬다	
5	먹다		20	공부하다	공부합니다
6	가르치다		21	요리하다	
7	배우다		22	전화하다	
8	듣다		23	쇼핑하다	
9	읽다		24	샤워하다	
10	입다	입습니다	25	운동하다	
11	쓰다		26	이야기하다	
12	씻다		27	운전하다	
13	만나다		28	노래하다	
14	찍다		29	일하다	
15	춤추다		30	말하다	

문법

1 N을/를 V-습니다/ㅂ니다

N	받침 O	을	빵을 먹습니다
	받침 X	를	우유를 마십니다

책을 읽습니다.

한국어를 배웁니다.

가: 무엇을 먹습니까?

나: 빵을 먹습니다.

가: 영화를 봅니까?

나: 네, 영화를 봅니다.

연습 1 [보기]와 같이 빈칸에 알맞은 말을 써 봅시다.

보기

한국어(를) 공부합니다.

(1) 춤( ) 춥니다.

(2) 숙제( ) 합니다.

(3) 사과( ) 삽니다.

(4) 책( ) 읽습니다.

(5) 빵( ) 먹습니다.

(6) 친구( ) 만납니다.

(7) 사진( ) 찍습니다.

(8) 한국어( ) 가르칩니다.

연습 2 [보기]와 같이 문형 연습을 해 봅시다.

(숙제/하다) 정우 씨는 숙제를 합니다.

(1) (텔레비전/보다)

율리아 씨는 _____ .

(2) (밥/먹다)

호앙 씨는 _____ .

(3) (운전/하다)

준코 씨는 _____ .

(4) (책/읽다)

정우 씨는 _____ .

(5) (음악/듣다)

엥크 씨는 _____ .

(6) (책/사다)

라이언 씨는 _____ .

(7) (친구/만나다)

왕밍 씨는 _____ .

연습 3 그림을 보고 [보기]와 같이 대화를 만들어 봅시다.

가 : 왕밍 씨는 무엇을 합니까?

나 : 저는 쇼핑을 합니다.

(1)

가 : 호앙 씨는 _____?

나 : _____.

(2)

가 : 왕밍 씨는 _____?

나 : _____.

(3)

가 : 율리아 씨는 _____?

나 : _____.

(4)

가 : 지영 씨는 _____?

나 : _____.

② N(장소)에서

받침 O	에서	교실에서
받침 X		학교에서

회사에서 일을 합니다.

극장에서 영화를 봅니다.

학교에서 한국어를 배웁니다.

가: 어디에서 공부합니까?

나: 교실에서 공부합니디.

가: 도서관에서 무엇을 합니까?

나: 도서관에서 책을 읽습니다.

연습 1 다음을 읽고 알맞은 것을 고르십시오.

(1) 도서관(에 / 에서) 공부합니다.

(2) 백화점(에 / 에서) 티셔츠를 삽니다.

(3) 식당(에 / 에서) 갑니다.

(4) 극장(에 / 에서) 영화를 봅니다.

(5) 학교(에 / 에서) 옵니다.

연습 2 그림을 보고 대화를 만들어 봅시다.

(1)

가 : 정우 씨는 어디에서 친구를 만납니까?

나 : 저는 _____ .

(2)

가 : 준코 씨는 _____ ?

나 : 저는 _____ .

(3)

가 : 율리아 씨는 _____ ?

나 : 저는 _____ .

(4)

가 : 왕밍 씨는 _____ ?

나 : 저는 _____ .

(5)

가 : 라이언 씨는 _____ ?

나 : 저는 _____ .

③ N과/와 같이[함께] ↔ 혼자

N	받침 ○	과 같이[함께]	동생과 같이[함께]
	받침 ✕	와 같이[함께]	친구와 같이[함께]

저는 동생과 같이 밥을 먹습니다.

율리아 씨는 친구와 같이 커피를 마십니다.

가: 운동장에서 누구와 같이 운동을 합니까?

나: 왕밍 씨와 같이 운동을 합니다.

가: 친구와 함께 밥을 먹습니까?

나: 아니요, 혼자 밥을 먹습니다.

연습 1 [보기]와 같이 질문에 대답해 봅시다.

> 가 : 누구와 함께 학교애 갑니까?
> 나 : 친구와 함께 학교에 갑니다.

(1) 가 : 집에서 누구와 같이 요리를 합니까?

　　나 : _____?

(2) 가 : 혼자 숙제를 합니까?

　　나 : _____.

(3) 가 : 학교에서 누구와 함께 공부를 합니까?

　　나 : _____.

 듣기

문제 1 다음을 잘 듣고 맞는 대답을 고르십시오. (   )

① 집에 갑니다.
② 밥을 먹습니다.
③ 물을 마십니다.
④ 의사를 만납니다.

문제 2 다음을 잘 듣고 <u>틀린</u> 것을 고르십시오. (   )

① 정우 씨는 회사에 갑니다.
② 지영 씨는 도서관에 갑니다.
③ 호앙 씨는 회사에서 일을 합니다.
④ 지영 씨는 도서관에서 한국어 공부를 합니다.

 읽기

※ 다음을 읽고 맞으면 O, 틀리면 X 하십시오.

 안녕하세요? 제 이름은 왕밍입니다.
저는 중국 사람입니다. 경기대학교에서 한국어를 배웁니다.
저는 기숙사에서 잠을 잡니다. 공부도 합니다. 숙제도 합니다. 친구와 같이 이야기도 합니다.
저는 제 방을 좋아합니다.

기숙사 / 숙제 / 방 / 좋아하다

문제 1 왕밍 씨는 중국 사람입니다. Ⓞ Ⓧ

문제 2 왕밍 씨 직업은 선생님입니다. Ⓞ Ⓧ

문제 3 왕밍 씨는 기숙사에서 한국어를 배웁니다. Ⓞ Ⓧ

말하기

※ [보기]와 같이 친구와 이야기 해 봅시다.

집 / 쉬다
가 : 어디에 갑니까?
나 : 집에 갑니다.

가 : 집에서 무엇을 합니까?
나 : 집에서 쉽니다.

①   편의점 / 라면을 먹다

가: _____?

나: _____.

가: _____?

나: _____.

②   학교 / 영어를 가르치다

가: _____?

나: _____.

가: _____?

나: _____.

③   극장 / 영화를 보다

가: _____?

나: _____.

가: _____?

나: _____.

④   기숙사 / 한국어를 공부하다

가: _____?

나: _____.

가: _____?

나: _____.

 # 쓰기

※ 여러분은 어디에서 무엇을 합니까? 써 봅시다.

5

LESSON

날씨가 어떻습니까?

학습 목표 날씨 표현하기

문 법
1. N이/가 A-습니까/ㅂ니까?
2. 네, A/V-습니다/ㅂ니다
3. 아니요, A/V-지 않습니다
4. N(의) N

여러분은 무슨 계절을 좋아합니까?

여러분의 고향은 요즈음 날씨가 어떻습니까?

본문

정우: 요즈음 날씨가 아주 춥습니다. 일본도 날씨가 춥습니까?

준코: 네, 일본도 춥습니다. 눈이 많이 옵니다.

정우: 일본은 여름 날씨가 어떻습니까? .

준코: 여름 날씨가 좋습니다. 아주 시원합니다.
　　　한국도 여름 날씨가 시원합니까?

정우: 아니요, 시원하지 않습니다. 아주 덥습니다. 비도 많이 옵니다.

요즈음 한국의 날씨는 어떻습니까?

일본은 겨울 날씨가 어떻습니까?

한국은 여름 날씨가 시원합니까?

어휘와 표현

요즈음/요즘	어떻다[어떠타]	아주	일본
좋다[조타]	시원하다	많이[마니]	

 날씨

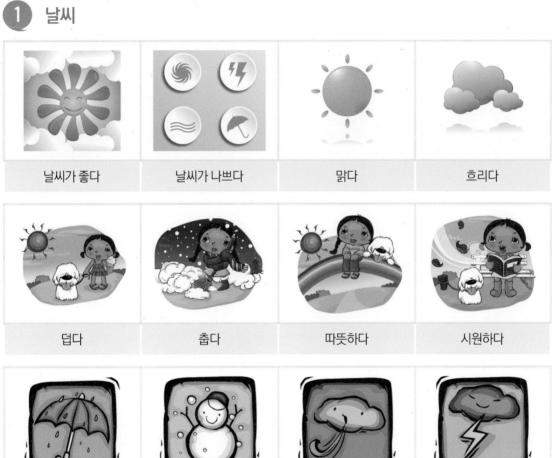

날씨가 좋다	날씨가 나쁘다	맑다	흐리다
덥다	춥다	따뜻하다	시원하다
비가 오다/내리다	눈이 오다/내리다	바람이 불다	번개가 치다

 계절

봄	여름	가을	겨울

 문법

① N이/가 A-습니까/ㅂ니까?

A	받침 O	-습니까?	춥다 → 춥습니까?
	받침 X 받침 'ㄹ'	-ㅂ니까?	흐리다 → 흐립니까? 불다 → 붑니까?

가 : 날씨가 어떻습니까?

나 : 날씨가 춥습니다.

가 : 오늘은 날씨가 따뜻합니까?

나 : 네, 따뜻합니다.

② 네, A/V-습니다/ㅂ니다

가: 날씨가 좋습니까?

나: 네, 날씨가 좋습니다.

가: 날씨가 흐립니까?

나: 네, 날씨가 흐립니다.

가: 비가 옵니까?

나: 네, 비가 옵니다.

③ 아니요, A/V-지 않습니다

A/V	받침 O	-지 않습니다	먹다 → 먹지 않습니다 춥다 → 춥지 않습니다
	받침 X		가다 → 가지 않습니다 흐리다 → 흐리지 않습니다

가: 날씨가 좋습니까?

나: 아니요, 날씨가 좋지 않습니다.

가: 날씨가 흐립니까?

나: 아니요, 날씨가 흐리지 않습니다.

가: 한국어 책을 읽습니까?

나: 아니요, 한국어 책을 읽지 않습니다.

가: 학교에 갑니까?

나: 아니요, 학교에 가지 않습니다.

연습 1 그림을 보고 [보기]와 같이 질문에 대답해 봅시다.

가: 일본은 날씨가 춥습니까?
나: (네) 네, 날씨가 춥습니다.
    (아니요) 아니요, 날씨가 춥지 않습니다. 따뜻합니다.

(1)

가 : 베트남은 날씨가 덥습니까?

나 : 네, _____ .

(2)

가 : 한국은 겨울이 춥습니까?

나 : 네, _____ .

(3)

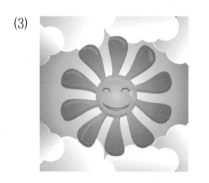

가 : 오늘은 날씨가 나쁩니까?

나 : 아니요, _____ .

_____ .

(4)

가 : _____ ?

나 : 네, _____ .

연습 2 그림을 보고 [보기]와 같이 질문에 대답해 봅시다.

> **보기**
>
> 가: 도서관에서 책을 읽습니까?
>
> 나: (네) 네, 책을 읽습니다.
>
>   (아니요) 아니요, 책을 읽지 않습니다. 잠을 잡니다.

(1)

가 : 기숙사에서 한국어를 공부합니까?

나 : _____ .

(2)

가 : 식당에서 밥을 먹습니까?

나 : _____ .

(3)

가 : 운동장에서 달리기를 합니까?

나 : _____ .

(4)

가 : 커피숍에서 커피를 마십니까?

나 : _____ .

4 N(의) N

N	받침 O	의	선생님의
	받침 X		친구의

정우 씨의 친구 (= 정우 씨 친구)

준코 씨의 남자 친구 (= 준코 씨 남자 친구)

율리아 씨의 부모님 (= 율리아 씨 부모님)

나의 = 내 ☞ 내 책 (=나의 책)

저의 = 제 ☞ 제 책 (=저의 책)

너의 = 네 ☞ 네 책 (=너의 책)

연습 1 [보기]와 같이 문형 연습을 해 봅시다.

> **보기**
> 오늘 / 날씨 ☞ 오늘의 날씨가 어떻습니까?

(1) 아버지 / 가방   ☞ _____ 은 어디에 있습니까?

(2) 저 / 형   ☞ _____ 은 학생입니다.

(3) 나 / 친구   ☞ _____ 는 영국 사람입니다.

(4) _____ .

듣기

새 단어 구름 세계 조금

문제 1 다음을 잘 듣고 맞으면 O, 틀리면 X 하십시오.

(1)

(O, X)

(2)

(O, X)

(3)

(O, X)

문제 2 다음을 잘 듣고 맞는 것을 고르십시오. (　　)

① 일본은 춥습니다.

② 베트남은 비가 옵니다.

③ 중국은 흐리지 않습니다.

④ 일본은 눈이 오지 않습니다.

읽기

※ 다음을 읽고 질문에 대답해 봅시다.

 오늘의 날씨입니다.
서울은 춥습니다. 비가 많이 옵니다.
부산의 날씨는 따뜻합니다. 비는 오지 않습니다. 바람은 많이 붑니다.
제주도는 날씨가 맑습니다. 비도 오지 않습니다. 바람도 불지 않습니다.
제주도는 내일 날씨도 좋습니다.

오늘 / 서울 / 부산 / 제주도 / 내일

문제 1 서울은 오늘 날씨가 어떻습니까?

문제 2 부산은 오늘 날씨가 어떻습니까?

문제 3 제주도는 내일 날씨가 어떻습니까?

말하기

※ 지도를 보고 날씨를 말해 봅시다.

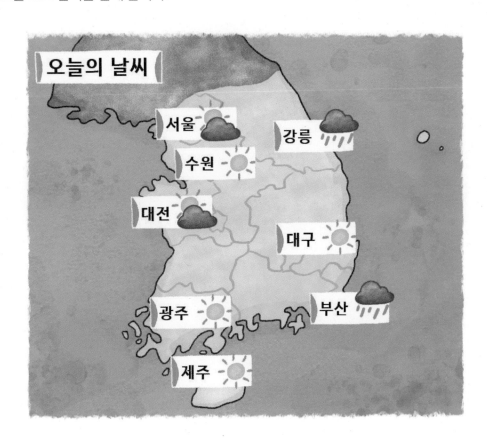

※ 여러분 나라의 요즈음 날씨는 어떻습니까? 써 봅시다.

요즈음 날씨

memo

6

LESSON

화장실이
몇 층에 있습니까?

학습 목표	위치, 수 표현하기

| 문 법 | 1. N이/가 있습니다[없습니다]
2. N과/와 N
3. N(장소)에/에도/에는 |

여기는 어디입니까?

여기에 무엇이 있습니까?

본문

(백화점에서)

호 앙: 죄송하지만 여기에 남자 화장실이 있습니까?

직 원: 1층에는 남자 화장실이 없습니다.

호 앙: 남자 화장실은 몇 층에 있습니까?

직 원: 2층 엘리베이터 옆에 있습니다.

호 앙: 감사합니다.

(화장실 앞에서)

호   앙: 아주머니, 휴지가 없습니다.

아주머니: 휴지는 화장실 안에 있습니다.

호   앙: 죄송합니다. 화장실 안에도 없습니다.

아주머니: 그렇습니까? 여기 있습니다.

호   앙: 감사합니다.

남자 화장실은 몇 층에 있습니까?

화장실에 휴지가 있습니까?

어휘와 표현

죄송하다	화장실	엘리베이터
감사하다	몇	아주머니
직원	층	휴지

1 위치

위	아래(밑)	안	밖

앞	뒤	옆

왼쪽	가운데(사이)	오른쪽

2 숫자

1	2	3	4	5	6	7	8	9	10
일	이	삼	사	오	육	칠	팔	구	십

3 N층

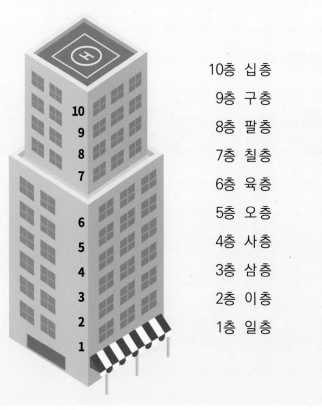

10층 십층

9층 구층

8층 팔층

7층 칠층

6층 육층

5층 오층

4층 사층

3층 삼층

2층 이층

1층 일층

 문법

1 N이/가 있습니다 / 없습니다

N	받침 O	N이 있습니다[없습니다]	책상이 있습니다[없습니다]
	받침 X	N가 있습니다[없습니다]	의자가 있습니다[없습니다]

칠판이 있습니다.

연필이 없습니다.

지우개가 있습니다.

라디오가 없습니다.

가: 교실에 무엇이 있습니까?

나: 교실에 책상이 있습니다.

가 : 볼펜이 있습니까?

나 : 네, 볼펜이 있습니다.

가 : 의자가 있습니까?

나 : 아니요, 의자가 없습니다.

연습 1 [보기]와 같이 문형 연습을 해 봅시다.

공책 ☞ 공책이 있습니까?
(네) 네, 공책이 있습니다.
(아니요) 아니요, 공책이 없습니다.

(1) 물　　☞ _____ ?

　　　　　　네, _____ .

(2) 컴퓨터　☞ _____ ?

　　　　　　아니요, _____ .

(3) 책상　　☞ _____ ?

　　　　　　네, _____ .

(4) _____　☞ _____ ?

　　　　　　네, _____ .

❷ N에(에도/에는) N이/가 있습니까? [없습니까?]

N	받침 O	에/에도/에는	식당에/에도/에는
	받침 X		학교에/에도/에는

1층에 화장실이 있습니다.
2층에도 화장실이 있습니다.
3층에는 화장실이 없습니다.

가: 의자 위에 무엇이 있습니까?
나: 의자 위에 책이 있습니다.

가: 의자 아래에도 책이 있습니까?
나: 의자 아래에도 책이 있습니다.

가: 의자 옆에도 책이 있습니까?
나: 의자 옆에는 책이 없습니다.

가 : 식탁 위에 무엇이 있습니까?
나 : 식탁 위에 커피가 있습니다.

가 : 식탁 위에 케이크도 있습니까?
나 : 네, 식탁 위에 케이크도 있습니다.

가 : 식탁 아래에도 케이크가 있습니까?
나 : 아니요, 식탁 아래에는 케이크가 없습니다.

연습 1 [보기]와 같이 문형 연습을 해 봅시다.

> **보기**
>
> 2층 / 교실 ☞ 2층에 교실이 있습니다.

(1) 책상 위 / 책　　☞ _____.

(2) 학교 안 / 도서관 ☞ _____.

(3) 교실 앞 / 화장실 ☞ _____.

연습 2 [보기]와 같이 질문에 대답하십시오.

> **보기**
>
> 가 : 교실에도 텔레비전이 있습니까?
> 나 : (네) 네, 교실에도 텔레비전이 있습니다.
> 　　(아니요) 아니요, 교실에는 텔레비전이 없습니다.

(1) 가 : 냉장고 안에도 주스가 있습니까?

　　나 : 아니요, _____.

(2) 가 : 학교에도 도서관이 있습니까?

　　나 : 네, _____.

(3) 가 : 수원에도 시장이 있습니까?

　　나 : 네, _____.

③ N과/와 N [N하고 N]

N	받침 O	N과 N	N하고 N	책상과 의자 / 책상하고 의자
	받침 X	N와 N		의자와 책상 / 의자하고 책상

우리는 한국어와 영어를 배웁니다.

식당에서 김밥과 라면을 먹습니다.

저는 사과하고 바나나를 좋아합니다.

연습 1 [보기]와 같이 문형 연습을 해 봅시다.

> 보기
>
> 책 / 공책 ☞ 책과 공책
>
> 바나나 / 사과 ☞ 바나나와 사과

(1) 중국 / 베트남 ☞ _____

(2) 학생 / 선생님 ☞ _____

(3) 학교 / 도서관 ☞ _____

연습 2 [보기]와 같이 같이 문형 연습을 해 봅시다.

> 보기
>
> 가 : 식당에서 무엇을 먹습니까?
>
> 나 : (밥/김치) 밥과 김치를 먹습니다.

(1) 가 : 집에서 무엇을 합니까?

　　나 : (빨래/청소) _____ .

(2) 가 : 커피숍에서 무엇을 마십니까?

　　나 : (커피/주스) _____ .

(3) 가 : 무엇을 읽습니까?

　　나 : (책/잡지) _____ .

(4) 가 : _____ .

　　나 : _____ .

89

듣기

새 단어   냉장고 고양이 침대 서랍

연습 1 다음을 잘 듣고 그림이 맞으면 O, 틀리면 X 하십시오.

(1)

(Ⓞ, Ⓧ)

(2)

(Ⓞ, Ⓧ)

(3)

(Ⓞ, Ⓧ)

연습 2 다음을 잘 듣고 번호를 쓰십시오.

(1)

(   )

(2)

(   )

(3)

(   )

읽기

※ 다음을 읽고 물음에 답해 봅시다.

경기백화점 지하 1층에는 수박과 사과가 있습니다.

1층에는 신발과 우산 가게가 있습니다.

2층에는 옷 가게가 있습니다.

3층에는 책상과 의자가 있습니다. 화장실도 있습니다.

4층에는 냉장고, 텔레비전, 라디오가 있습니다.

5층에는 커피숍과 식당이 있습니다.

지하 / 수박 / 우산

문제 1 위 글의 내용과 같은 것을 고르십시오. (   )

① 구두는 1층에서 삽니다.

② 화장실은 2층에 있습니다.

③ 밥은 지하 1층에서 먹습니다.

④ 우산은 지하 1층에서 삽니다.

말하기

※ 다음 그림을 보고 이야기해 봅시다.

 쓰 기

※ 여러분 방에는 무엇이 있습니까? 써 봅시다.

내 방

memo

LESSON

7

여자 친구가 예뻐요

두 사람이 무엇을 합니까?

여자 친구가 어떻습니까? 남자 친구가 어떻습니까?

본문

지영 : 호앙 씨, 지금 무엇을 해요?

호앙 : 여자 친구의 사진을 봐요.

지영 : 여자 친구가 한국에 있어요?

호앙 : 아니요, 저는 한국에 있지만 여자 친구는 베트남에 있어요.

지영 : 여자 친구가 어때요?

호앙 : 여자 친구가 예뻐요.

호앙 씨의 여자 친구가 어디에서 살아요?

호앙 씨의 여자 친구가 어때요?

어휘와 표현

지금	여자 친구	사진	예쁘다

1 형용사

크다	작다	많다	적다
길다	짧다	높다	낮다
빠르다	느리다	싸다	비싸다
맛있다	맛없다	재미있다	재미없다
더럽다	깨끗하다	조용하다	시끄럽다

뚱뚱하다	통통하다	날씬하다	귀엽다
예쁘다	멋있다	배고프다	배부르다
기쁘다	슬프다	어렵다	쉽다
좋다	싫다	바쁘다	피곤하다
편하다	불편하다	심심하다	아프다

연습 1 형용사 활용 연습을 해 봅시다.

번호	형용사	-습니다/ㅂ니다	-지 않습니다
1	크다	큽니다	
2	작다		작지 않습니다
3	많다		
4	적다	적습니다	
5	길다(★)		
6	짧다		
7	높다		높지 않습니다
8	낮다		
9	빠르다		
10	느리다	느립니다	
11	싸다		
12	비싸다		비싸지 않습니다
13	맛있다		
14	맛없다		
15	재미있다		
16	재미없다		
17	더럽다	더럽습니다	
18	시끄럽다		시끄럽지 않습니다
19	깨끗하다		
20	조용하다		

문법

① -아요/어요/해요

가 : 지금 책을 읽어요?
나 : 아니요, 한국어를 공부해요.

가 : 무엇을 해요?
나 : 친구를 만나요. 저는 친구와 같이 영화를 봐요. 영화가 재미있어요.

모음 ㅏ, ㅗ O		모음 ㅏ, ㅗ X		'하다'	
A/V	A/V-아요	A/V	A/V-어요	A/V	해요
작다	작아요	적다	적어요	말하다	말해요
낮다	낮아요	싫다	싫어요	공부하다	공부해요
많다	많아요	맛없다	맛없어요	깨끗하다	깨끗해요
높다	높아요	맛있다	맛있어요	피곤하다	피곤해요

★

모음 ㅏ, 받침 X			모음 ㅗ, 받침 X		
A/V	A/V-아요		A/V	A/V-아요	
가다	가요		보다	보아요	봐요
만나다	만나요		오다	오아요	와요
비싸다	비싸요				

모음 ㅜ, 받침 X			모음 ㅣ, 받침 X		
A/V	A/V-어요		A/V	A/V-어요	
주다	주어요	줘요	느리다	느리어요	느려요
추다	추어요	춰요	마시다	마시어요	마셔요
배우다	배우어요	배워요	가르치다	가르치어요	가르쳐요

연습 1 활용 연습을 해 봅시다.

번호	A/V	-아요/어요/해요	번호	A/V	-아요/어요/해요
1	*사다		17	일하다	
2	*자다		18	찍다	
3	*비싸다		19	웃다	
4	*보다		20	말하다	
5	*배우다		21	짧다	
6	*가르치다		22	길다	
7	*마시다		23	많다	
8	*만나다		24	적다	
9	*춤추다		25	재미있다	
10	*느리다		26	좋다	
11	읽다		27	작다	
12	씻다		28	운동하다	
13	먹다		29	깨끗하다	
14	쉬다		30	조용하다	
15	입다		32	공부하다	

연습 2 다음 문장을 '-아요/어요'를 사용하여 고쳐 봅시다.

> **보기**
>
> 저는 경기대학교에 다닙니다. 경기대학교는 수원에 있습니다.
> ☞ 저는 경기대학교에 다녀요. 경기대학교는 수원에 _____.
>
> 경기대학교 안에는 도서관과 학교 식당이 있습니다.
> ☞ 경기대학교 안에는 도서관과 학교 식당이 _____.
>
> 우리 교실은 4층에 있습니다. 교실에서는 한국어 수업을 합니다.
> ☞ _____.
>
> 학교 식당에서는 밥을 먹습니다. 도서관에서는 책을 읽습니다.
> ☞ _____.

② S-지만 S

A/V	받침 O	–지만	좋다 → 좋지만
	받침 X		가다 → 가지만

라이언 씨는 밥을 먹지만 율리아 씨는 빵을 먹어요.

준코 씨는 키가 크지만 왕밍 씨는 키가 작아요.

가 : 한국어가 어때요?

나 : 한국어는 어렵지만 재미있어요.

가 : 교실에 텔레비전이 있어요?

나 : 아니요, 텔레비전은 없지만 컴퓨터는 있어요.

연습 1 [보기]와 같이 문형 연습을 해 봅시다.

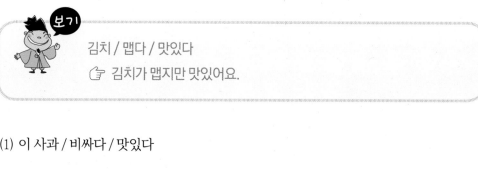

> 김치 / 맵다 / 맛있다
> ☞ 김치가 맵지만 맛있어요.

(1) 이 사과 / 비싸다 / 맛있다

☞ ....

(2) 우리 교실 / 작다 / 깨끗하다

☞ ....

(3) 저 / 한국어를 공부하다 / 친구 / 중국어를 공부하다

☞ ....

3 '—' 탈락

가 : 준코 씨, 오늘 바빠요?

나 : 네, 바빠요.

가 : 여자 친구가 어때요?

나 : 예뻐요. 키가 커요.

연습 1 활용 연습을 해 봅시다.

	-습니다/ㅂ니다	-지 않아요	-아요 / 어요	-지만
바쁘다			바빠요	
예쁘다	예쁩니다			
아프다				
배고프다				
기쁘다				기쁘지만
슬프다		슬프지 않아요		
쓰다				

연습 2 [보기]와 같이 문형 연습을 해 봅시다.

> **보기**
>
> 머리 / 아프다 ☞ 머리가 아파요.

(1) 날씨/나쁘다 ☞ ....

(2) 배 / 고프다 ☞ ....

(3) 옷 / 예쁘다 ☞ ....

 듣기

 다르다 게임(을) 하다 좋아하다 싫어하다 말이 많다

문제 1 다음을 잘 듣고 맞으면 O, 틀리면 X 하십시오.

(1) 나는 김치를 싫어합니다. Ⓞ ⓧ

(2) 나는 준코 씨와 같이 일본어를 공부합니다.. Ⓞ ⓧ

(3) 준코 씨는 주말에 친구들과 같이 게임을 합니다. Ⓞ ⓧ

 읽기

※ 다음을 읽고 질문에 대답해 봅시다.

엠 크 : 왕밍 씨는 누구와 함께 살아요?

왕 밍 : 저는 지금 기숙사에서 혼자 살아요.

엠 크 : 심심하지 않아요?

왕 밍 : 심심하지만 편해요.

엠 크 : 밥도 혼자 먹어요?

왕 밍 : 밥은 학교에서 친구들과 같이 먹어요.

엠 크 : 숙제도 친구들과 같이 해요?

왕 밍 : 공부는 친구들과 같이 하지만 숙제는 혼자 해요.

살다 / 숙제

문제 1 왕밍 씨의 기숙사 생활은 어떻습니까?

문제 2 왕밍 씨는 친구와 함께 무엇을 합니까?

문제 3 왕밍 씨는 무엇을 혼자 합니까?

 **말하기**

※ 친구와 내가 무엇이 다릅니까? 이야기해 봅시다.

	나	친구 :
1. 어느 나라 사람입니까?		
2. 가족이 어디에 있어요?		
3. 기숙사에서 무엇을 해요?		
4. 무슨 동물을 좋아해요?		
5.		
6.		

 보기

나는 몽골 사람이지만 친구는 중국 사람입니다.

쓰기

※ 친구와 이야기한 것을 써 봅시다.

memo

8

LESSON

오늘은 무슨 요일이에요?

학습 목표	요일 표현하기
문 법	1. N이에요/예요 2. S-고〈나열〉 3. N(시간)에

위의 그림은 무엇입니까?

오늘은 무슨 요일입니까?

본문

호 앙: 지영 씨, 오늘이 무슨 요일이에요?

지 영: 오늘은 목요일이에요.

호 앙: 내일 시간이 있어요?

지 영: 아니요, 내일 시간이 없어요.
　　　오전에는 시험이 있고, 오후에는 친구를 만나요.

호 앙: 주말에는 시간이 있어요?

지 영: 네, 토요일은 바쁘지만 일요일에는 시간이 있어요.

호 앙: 저는 영화표가 있어요. 같이 영화를 봐요.

지 영: 좋아요. 일요일에 만나요.

지영 씨는 금요일에 무엇을 합니까?

지영 씨는 언제 시간이 있습니까?

어휘와 표현

오늘	내일	무슨
오전	오후	주말
시험이 있다	영화표	시간(이) 있다 ↔ 시간(이) 없다

1 시간

아침	점심	저녁	밤
morning	midday (around lunch time)	evening	night

오전	← 12:00 →	오후
A.M.		P.M.

2월

일요일	월요일	화요일	수요일	목요일	금요일	토요일
11	12	13	14	15	16	17
			어제 **yesterday**	오늘 **today**	내일 **tomorrow**	

2 무슨 N

가 : 오늘은 무슨 요일입니까?

나 : 오늘은 수요일입니다.

가 : 이것은 무슨 요리입니까?

나 : 이것은 몽골 요리입니다.

가 : 지금 무슨 책을 읽어요?

나 : 한국어 책을 읽어요.

연습 1 [보기]와 같이 문형 연습을 해 봅시다.

> **보기**
>
> 가 : (음식 / 먹다) 무슨 음식을 먹어요?
> 나 : (피자) 피자를 먹어요.

(1) 가 : (책 / 읽다) _____?

　　나 : (한국어 책) _____.

(2) 가 : (과일 / 좋아하다) _____?

　　나 : (사과) _____.

(3) 가 : (영화 / 보다) _____?

　　나 : (한국 영화) _____.

(4) 가 : (　　) _____?

　　나 : (　　) _____.

3 뭐 (=무엇)

가 : 가방 안에 뭐가 있어요?

나 : 책과 공책과 지갑이 있어요.

가 : 점심에 뭘 먹어요?

나 : 빵과 사과를 먹어요.

4 시간이 있다[없다]

가 : 주말에 시간이 있어요? 저와 같이 영화를 봐요.

나 : 미안해요, 주말에는 시간이 없어요. 월요일에 봐요.

가 : 오늘 시간이 있어요?

나 : 미안해요, 내일은 시험이 있어요. 시간이 없어요.

문법

① N이에요 / 예요

N	받침 O	이에요	학생이에요
	받침 X	예요	친구예요

가 : 이것은 뭐예요?

나 : 그것은 책이에요.

가 : 저기는 어디예요?

나 : 저기는 경기대학교예요.

가 : 그것은 책상이에요?

나 : 아니요, 이것은 책상이 아니에요. 의자예요.

연습 1 [보기]와 같이 문형 연습을 해 봅시다.

가 : 저 사람은 누구예요? (누구)

나 : 저 사람은 호앙 씨예요.

(1) 가 : 이름이 _____? (뭐)

　　나 : 제 이름은 _____.

(2) 가 : 오늘은 무슨 _____? (요일)

　　나 : 오늘은 _____.

(3) 가 : 저기는 _____? (어디)

　　나 : _____.

② S-고 〈나열〉

A/V	받침 O	-고	먹다 → 먹고
	받침 X		가다 → 가고

도서관에서 책을 읽다 + 도서관에서 컴퓨터를 하다

☞ 도서관에서 책을 읽고 컴퓨터를 해요.

저는 커피를 마시다 + 친구는 주스를 마시다

☞ 저는 커피를 마시고 친구는 주스를 마셔요.

우리 반 친구들이 재미있다 + 우리 반 친구들이 좋다

☞ 우리 반 친구들이 재미있고 좋아요.

나는 학생이다 + 친구는 의사이다

☞ 나는 학생이고 친구는 의사예요.

연습 1 [보기]와 같이 문형 연습을 해 봅시다.

보기

꽃 / 예쁘다 / 싸다
꽃이 예쁘고 쌉니다.

(1) 저 / 집에 가다 / 친구 / 도서관에 가다

-----

(2) 친구 / 예쁘다 / 키가 크다

-----

(3) 비빔밥 / 맛있다 / 싸다

-----

(4) 기숙사 / 넓다 / 깨끗하다

연습 2 [보기]와 같이 대화를 만들어 봅시다.

오늘은 날씨가 어떻습니까?

오늘은 날씨가 춥고 눈이 옵니다.

(1) 가 : 주말에 집에서 무엇을 합니까?

　　나 : ＿＿＿＿＿＿ 고 ＿＿＿＿＿＿＿＿＿＿＿＿

(2) 가 : 저녁에 무엇을 먹습니까?

　　나 : ＿＿＿＿＿＿ 고 ＿＿＿＿＿＿＿＿＿＿＿＿

(3) 가 : 오늘은 무엇을 합니까?

　　나 : ＿＿＿＿＿＿ 고 ＿＿＿＿＿＿＿＿＿＿＿＿

(4) 가 : ＿＿＿＿＿＿＿＿＿＿＿＿＿＿＿＿＿＿

　　나 : ＿＿＿＿＿＿＿＿＿＿＿＿＿＿＿＿＿＿

③ N(시간)에/에도/에는

N	받침 O	에/에도/에는	주말에/에도/에는
	받침 X		오후에/에도/에는

가 : 월요일에 무엇을 해요?

나 : 학교에 기요.

가 : 내일도 학교에 가요?

나 : 네, 내일도 학교에 가요.

가 : 주말에도 학교에 가요?

나 : 아니요, 주말에는 학교에 가지 않아요. 주말에는 집에서 쉬어요.

연습 1 [보기]와 같이 문형 연습을 해 봅시다.

> **보기**
>
> 가 : 아침에 무엇을 먹어요?
> 나 : 아침에 빵을 먹어요.
> 가 : 점심에도 빵을 먹어요?
> 나 : 네, 점심에도 빵을 먹어요.
>   아니요, 점심에는 빵을 먹지 않아요.

(1) 가 : 월요일에 무엇을 해요?

　　나 : _____

　　가 : 화요일에도 _____

　　나 : _____

(2) 가 : 오늘 누구를 만나요?

　　나 : _____

　　가 : 내일도 _____

　　나 : _____

(3) 가 : 아침에 어디에 가요?

　　나 : _____

　　가 : 점심에도 _____

　　나 : _____

 듣기

새 단어 부모님 등산하다

문제 1 잘 듣고 맞으면 O, 틀리면 X 하십시오.

(1) 호앙 씨의 생일은 금요일입니다. O X

(2) 호앙 씨는 생일에 학교에 갑니다.. O X

(3) 호앙 씨의 집에서 생일 파티를 합니다. O X

문제 2 다음을 잘 듣고 빈 칸을 채우십시오.

지영	도서관에서 공부를 해요	– ( )요일
	수영장에 가요	– ( )요일
	부모님과 등산을 해요	– ( )요일
라이언	학교에서 춤을 배워요	– ( )요일
	집에서 청소를 해요	– ( )요일
	컴퓨터를 해요	– ( )요일
엥크	집에서 빨래를 해요	– ( )요일
	한국 친구를 만나요	– ( )요일
	시장에 가요	– ( )요일

 **읽기**

※ 다음을 읽고 대답해 봅시다.

정우 : 준코 씨, 한국 생활이 어때요?

준코 : 한국 생활이 재미있어요.

정우 : 요즘 무엇을 해요?

준코 : 월요일에는 시장에 가고, 화요일에는 등산을 하고, 수요일에는 도서관에서 책을 읽고, 목요일에는 컴퓨터를 하고, 금요일에는 친구와 영화를 봐요.

정우 : 준코 씨, 그럼 무슨 요일에 공부해요?

준코 : 함상 공부해요. 한국 생활이 공부예요.

정우 : 하하하, 맞아요.

생활 / 항상 / 맞다

문제 1 준코 씨의 한국 생활은 어떻습니까?

문제 2 준코 씨는 무슨 요일에 등산을 합니까?

문제 3 준코 씨는 언제 공부를 합니까?

119

 말하기

※ 친구와 같이 이야기해 봅시다.

	나	이름 :
[보기] 아침에 무엇을 해요?	학교에 가요.	
1. 오늘 오후에 무엇을 해요?		
2. 내일 저녁에 무엇을 해요?		
3. 수요일에 무엇을 해요?		
4. 금요일에 무엇을 해요?		
5. 주말에 무엇을 해요?		

 쓰기

※ 여러분의 일주일 생활을 써 봅시다.

일주일 생활

memo

9

LESSON

오늘은
몇 월 며칠이에요?

학습 목표 날짜 표현하기
　　　　　　과거 표현하기

문　법 1. 'ㅂ'불규칙
　　　　2. A/V-았/었-
　　　　3. N에서 오다

1월 1일에 무엇을 했습니까?

언제 고향에서 왔습니까?

본문

왕밍 씨와 율리아 씨가 교실에서 이야기를 합니다.

율리아: 어제 날씨가 추웠어요. 왕밍 씨는 어제 무엇을 했어요?

왕　밍: 친구와 같이 쇼핑했어요.

율리아: 친구가 한국에 왔어요?

왕　밍: 네, 지난주에 중국에서 왔어요.

율리아: 그 친구는 언제 중국에 가요?

왕　밍: 내일 중국에 가요.

율리아: 오늘은 몇 월 며칠이에요?

왕　밍: 오늘은 10월 24일이에요.

왕밍 씨는 언제 친구를 만났어요?

왕밍 씨 친구는 언제 중국에서 왔어요?

어휘와 표현

언제	지난주	몇
월	일	며칠

1 달력

Sunday	Monday	Tuesday	Wednesday	Thursday	Friday	Saturday	
1	2	3	4	5	6	7	
8	9	10	11	12	13	14 주말	지난주
15 주말	16 그저께	17 어제	18 오늘	19 내일	20 모레	21	이번주
22	23	24	25	26	27	28	다음주
29	30	31					

평일

지난해 – 올해 – 다음 해 (작년) (금년) (내년)	지난달 – 이번 달 – 다음 달
지난주 – 이번 주 – 다음 주	그저께 – 어제 – 오늘 – 내일 – 모레

② 날짜

가 : 오늘은 몇 월 며칠입니까?

나 : 11월 23일입니다.

1월	일월	2월	이월	3월	삼월
4월	사월	5월	오월	6월	유월
7월	칠월	8월	팔월	9월	구월
10월	시월	11월	십일월	12월	십이월

1일	2일	3일	4일	5일	6일	7일
일 일	이 일	삼 일	사 일	오 일	육 일	칠 일
8일	9일	10일	11일	12일	13일	14일
팔 일	구 일	십 일	십일 일	십이 일	십삼 일	십사 일
15일	16일	17일	18일	19일	20일	21일
십오 일	십육 일	십칠 일	십팔 일	십구 일	이십 일	이십일 일
22일	23일	24일	25일	26일	27일	28일
이십이 일	이십삼 일	이십사 일	이십오 일	이십육 일	이십칠 일	이십팔 일
29일	30일	31일				
이십구 일	삼십 일	삼십일 일				

연습 1 [보기]와 같이 날짜를 써 봅시다.

> 보기
>
> 6월 2일 ☞ 유월 이 일

(1) 5월 13일 ☞ ....

(2) 7월 22일 ☞ ....

(3) 3월 31일 ☞ ....

(4) 10월 18일 ☞ ....

(5) .... ☞ ....

126

③ 언제

가 : 언제 한국에 왔어요?

나 : 12월 23일에 왔어요.

가 : 생일이 언제예요?

나 : 제 생일은 5월 6일이에요.

연습 1 [보기]와 같이 문형 연습을 해 봅시다.

> **보기**
>
> 가 : 언제 한국에 왔어요?
> 나 : (7월 16일) 칠월 십육 일에 왔어요.

(1) 가 : 언제 친구를 만나요?

　　나 : (3월 28일) ⋯⋯⋯⋯⋯⋯⋯⋯⋯⋯⋯⋯⋯⋯⋯⋯⋯⋯⋯⋯⋯⋯ .

(2) 가 : 생일이 언제예요?

　　나 : (10월 30일) ⋯⋯⋯⋯⋯⋯⋯⋯⋯⋯⋯⋯⋯⋯⋯⋯⋯⋯⋯⋯⋯

(3) 가 : 언제 제주도에 가요?

　　나 : (6월 12일) ⋯⋯⋯⋯⋯⋯⋯⋯⋯⋯⋯⋯⋯⋯⋯⋯⋯⋯⋯⋯⋯ .

문법

1 'ㅂ' 불규칙

받침 'ㅂ'	(받침 'ㅂ'→우) +어요 ⇒ -워요		
덥다	더우+어요	→	더워요
맵다	매우+어요		매워요
어렵다	어려우+어요		어려워요

☺ 돕다 → 도와요

가 : 한국어가 재미있어요?

나 : 재미있지만 어려워요.

가 : 오늘 날씨가 어때요?

나 : 오늘은 아주 더워요.

연습 1 활용 연습을 해 봅시다.

	-습니다/ㅂ니다	-아요 / 어요	-지만	-고
고맙다	고맙습니다			고맙고
쉽다			쉽지만	
어렵다				
덥다	덥습니다			
춥다		추워요		
맵다			맵지만	
가깝다				가깝고
무겁다	무겁습니다			
*돕다			돕지만	
*곱다	곱습니다			
입다	입습니다	입어요		
잡다				잡고
좁다			좁지만	

2 A/V-았/었-

가 : 어제 어디에 갔어요?

나 : 어제 학교에 갔어요.

가 : 주말에 무엇을 했어요?

나 : 친구와 극장에 갔어요.

A/V	ㅏ, ㅗ O	-았어요 (았습니다)	가다 → 가았어요 → 갔어요 (갔습니다)
	ㅏ, ㅗ X	-었어요 (었습니다)	먹다 → 먹었어요 (먹었습니다)
	하다	했어요 (했습니다)	공부하다 → 공부했어요 (공부했습니다)

연습 1 활용 연습을 해 봅시다.

동사	-았/었/했습니다	-았/었/했어요	형용사	-았/었/했습니다	-았/었/했어요
보다			크다		
자다			작다	작았습니다	
입다			많다		
쓰다			적다		
쉬다			길다		
마시다			짧다		
배우다			맛있다		
만나다			재미없다		
가르치다	가르쳤습니다		깨끗하다		
공부하다			조용하다		
운동하다		운동했어요	*쉽다		쉬웠어요
*돕다			*춥다		

129

3 N에서 오다

N	받침 O	에서 오다	베트남에서 오다
	받침 X		프랑스에서 오다

가 : 어느 나라에서 왔어요?
나 : 저는 베트남에서 왔어요.

가 : 러시아에서 8월 6일에 왔어요?
나 : 아니요, 6월 8일에 왔어요.

연습 1 [보기]와 같이 질문에 대답하십시오.

> 가 : 어느 나라에서 왔어요?   가 : 중국에서 왔어요?
> 나 : (중국) 중국에서 왔어요.   나 : (러시아) 아니요, 러시아에서 왔어요.

(1) 가 : 어느 나라에서 왔어요?

　　나 : (몽골) _____ .

(2) 가 : 어느 나라에서 왔어요?

　　나 : (일본) _____ .

(3) 가 : 영국에서 왔어요?

　　나 : (캐나다) _____ .

(3) 가 : _____ ?

　　나 : _____ .

문제 1 다음을 잘 듣고 질문에 대답해 봅시다.

(1) 오늘은 몇 월 며칠입니까? (   )

① 10월 26일   ② 10월 16일

③ 11월 26일   ④ 11월 16일

(2) 맞으면 O, 틀리면 X 하십시오.

① 어제는 친구들을 만났습니다. ⓞ ⊗

② 오늘은 학교와 도서관에 갑니다. ⓞ ⊗

③ 토요일에 친구들과 밥을 먹고 노래방에 갔습니다. ⓞ ⊗

(3) 이 사람의 생일은 언제입니까?

....

문제 2 다음 대화를 잘 듣고 틀린 것을 고르십시오.

① 다음 주 토요일은 11월 12일입니다.

② 준코 씨는 지난주에 일본에서 왔습니다.

③ 준코 씨는 주말에 친구와 같이 밥을 먹었습니다.

④ 준코 씨는 주말에 영화를 보고 옷가게와 서점에 갔습니다.

 읽기

※ 다음을 읽고 질문에 대답해 봅시다.

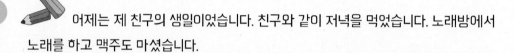

어제는 제 친구의 생일이었습니다. 친구와 같이 저녁을 먹었습니다. 노래방에서 노래를 하고 맥주도 마셨습니다.

오늘은 금요일입니다. 어제는 비가 왔지만 오늘은 날씨가 좋았습니다. 학교에서 한국어를 공부하고 친구와 학생 식당에서 밥을 먹었습니다. 어제는 도서관에 가지 않았지만 오늘은 도서관에 갔습니다. 친구와 같이 도서관에서 숙제를 했습니다.

내일은 주말입니다. 지난주 토요일에는 집에서 쉬었지만 이번 주 토요일에는 아버지와 같이 산에 갑니다. 그리고 일요일에는 집에서 숙제를 합니다.

노래방 / 맥주 / 학생 식당 / 산

문제 1 친구의 생일은 무슨 요일입니까?

문제 2 오늘 어디에 갔습니까?

문제 3 지난주 토요일에 무엇을 했습니까?

문제 4 이번 주 일요일에 누구와 같이 산에 갑니까?

말하기

※ 달력을 보고 [보기]와 같이 친구와 이야기해 봅시다.

5월

Sunday	Monday	Tuesday	Wednesday	Thursday	Friday	Saturday
						1 제주도 여행
2	3	4	5 도서관	6	7	8 영화
9	10	11	12	13 시장	14	15
16	17	18	19 오늘	20	21 시험	22 노래방
23	24	25	26	27 생일	28	29 쇼핑
30 등산	31					

 보기

가: 지난주 목요일이 몇 월 며칠이었어요?

나: 5월 13일이었어요.

가: 5월 13일에 무엇을 했어요?

나: 시장에 갔어요.

이번 주 토요일	5월 22일
무엇을 하다	노래방에 가다
생일	5월 27일
5월 5일 / 무엇을 하다	도서관에 가다

 쓰기

※ 어제 무엇을 했습니까? 써 봅시다.

memo

10

LESSON

다섯 시 반쯤에
영화를 봤어요

학습 목표 시간 표현하기
부정문 만들기
선후 관계 표현하기

문 법 1. –시 –분
2. 안 A/V
3. S–고 S 〈선후〉

여러분은 몇 시에 학교에 옵니까?

저녁을 먹고 무엇을 합니까?

본문

학생 식당에서 정우 씨는 준코 씨와 이야기를 합니다.

정　우: 준코 씨, 어제 도서관에 갔어요?

준　코: 아니요, 도서관에 안 갔어요. 집에서 쉬었어요.
　　　　 정우 씨는 어제 뭐 했어요?

정　우: 저는 친구와 함께 영화를 보고 밥을 먹었어요.

준　코: 몇 시에 영화를 봤어요?

정　우: 다섯 시 반쯤에 영화를 봤어요.

준　코: 저는 오늘 저녁에 친구와 같이 영화를 봐요.
　　　　 정우 씨, 지금 몇 시예요?

정　우: 1시 10분 전이에요. 무슨 일이 있어요?

준　코: 네, 20분 후에 약속이 있어요.

정우 씨는 몇 시 몇 분에 영화를 봤습니까?

준코 씨는 몇 시 몇 분에 친구를 만납니까?

138

어휘와 표현

보통	시	분	지금
전	후	쯤(에)	

1 보통

가 : 아침에 보통 무엇을 합니까?

나 : 샤워를 하고 아침을 먹습니다.

가 : 보통 어디에서 숙제를 해요?

나 : 도서관에서 해요.

2 쯤(에)

가 : 몇 시쯤에 친구를 만났어요?

나 : 저녁 7시쯤에 만났어요.

가 : 언제쯤 집에 가요?

나 : 오후 2시쯤 집에 가요.

3 숫자

숫자	한자	고유어	숫자	한자	고유어	숫자	한자	고유어
1	일	하나	11	십일	열하나	30	삼십	서른
2	이	둘	12	십이	열둘	40	사십	마흔
3	삼	셋	13	십삼	열셋	50	오십	쉰
4	사	넷	14	십사	열넷	60	육십	예순
5	오	다섯	15	십오	열다섯	70	칠십	일흔
6	육	여섯	16	십육	열여섯	80	팔십	여든
7	칠	일곱	17	십칠	열일곱	90	구십	아흔
8	팔	여덟	18	십팔	열여덟	100	백	백
9	구	아홉	19	십구	열아홉	1,000	천	천
10	십	열	20	이십	스물	10,000	만	만

4 시간

한	1		일	1	
두	2		이	2	
세	3		삼	3	
네	4		사	4	
다섯	5		오	5	
여섯	6	시	십	10	분
일곱	7		십오	15	
여덟	8		이십	20	
아홉	9		삼십	30	
열	10		사십	40	
열한	11		오십	50	
열두	12		오십오	55	

연습 1   그림을 보고 시간을 한국어로 써 봅시다.

(1)
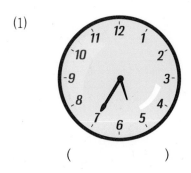
(   )

(2)
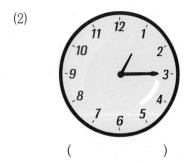
(   )

(3)
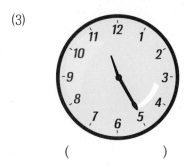
(   )

(4)
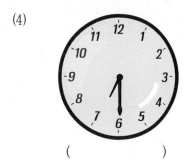
(   )

(5)
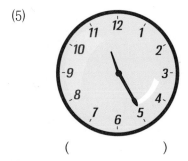
(   )

(6)
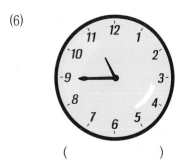
(   )

연습 2 그림을 보고 [보기]와 같이 질문에 대답해 봅시다.

가 : 언제 도서관에 가요?

나 : 네 시 십 분에 가요.

(1)

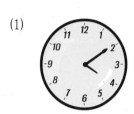

가 : 언제 커피를 마셨어요?

나 : _____.

(2)

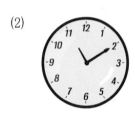

가 : 학교에서 몇 시에 한국어를 배워요?

나 : _____.

(3)

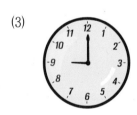

가 : 아침에 보통 몇 시에 일어나요?

나 : _____.

(4)

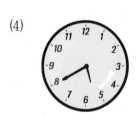

가 : 몇 시에 숙제를 해요?

나 : _____.

6 나이

저는 작년에 열아홉 살이었습니다. 올해는 스무 살입니다.

가 : 몇 살이에요?

나 : 스물 두 살이에요.

가 : 연세가 어떻게 되세요?

나 : 마흔 여섯 살이에요.

나이	세	살	나이	세	살	나이	세	살
1	일	한	11	십일	열한	21	이십일	스물한
2	이	두	12	십이	열두	22	이십이	스물두
3	삼	세	13	십삼	열세	30	삼십	서른
4	사	네	14	십사	열네	40	사십	마흔
5	오	다섯	15	십오	열다섯	50	오십	쉰
6	육	여섯	16	십육	열여섯	60	육십	예순
7	칠	일곱	17	십칠	열일곱	70	칠십	일흔
8	팔	여덟	18	십팔	열여덟	80	팔십	여든
9	구	아홉	19	십구	열아홉	90	구십	아흔
10	십	열	20	이십	스무	100	백	백

연습 1 [보기]와 같이 질문에 대답해 봅시다.

보기

가 : 몇 살이에요?

나 : (23)스물 세 살이에요.

(1) 가 : 몇 살이에요?

나 : (20) _____ .

(2) 가 : 아버지 연세가 어떻게 되세요?

나 : (52) _____ .

(3) 가 : _____ ?

나 : _____ .

 문법

1 안 A/V

안 A/V	받침 O	작다 → 안 작다 먹다 → 안 먹다
	받침 X	크다 → 안 크다 보다 → 안 보다

가 : 아침에 밥을 먹었어요?

나 : 아니요, 안 먹었어요.

가 : 오늘도 날씨가 추워요?

나 : 아니요, 안 추워요. 오늘은 따뜻해요.

☺ 밥을 안 먹었어요. = 밥을 먹지 않았어요.

   날씨가 안 추워요. = 날씨가 춥지 않아요.

연습 1 [보기]와 같이 문형 연습을 해 봅시다.

보기

가 : 주말에 친구를 만났어요?

나 : 아니요, 안 만났어요.

(1) 가 : 영어를 공부해요?

   나 : _____.

(2) 가 : 이 책을 읽었어요?

   나 : _____.

(3) 가 : 오늘도 비가 와요?

   나 : _____.

2 S-고 S ⟨선후⟩

V	받침 O	-고	먹다 → 먹고
	받침 X		가다 → 가고

가 : 오후에 무엇을 했어요?

나 : 수업이 끝나고 식당에 갔어요.

가 : 식당에서 뭘 했어요?

나 : 손을 씻고 밥을 먹었어요.

☺ 정우 씨는 텔레비전을 보고 엥크 씨는 밥을 먹었어요. (①정우 + ②엥크)

정우 씨는 텔레비전을 보고 밥을 먹었어요. (①텔레비전 → ②밥)

연습 1 [보기]와 같이 문형 연습을 해 봅시다.

> **보기**
>
> 가 : 어제 무엇을 했어요?
>
> 나 : (청소를 하다, 숙제를 하다)
>
>   청소를 하고 숙제를 했어요.

(1) 가 : 주말에 무엇을 했어요?

　　나 : (요리를 하다, 친구와 같이 밥을 먹다)

　　☞ _____.

(2) 가 : 오늘 뭘 해요?

　　나 : (숙제하다, 집에서 쉬다)

　　☞ _____.

(3) 가 : 친구와 같이 뭘 했어요?

　　나 : (쇼핑을 하다, 영화를 보다)

　　☞ _____.

연습 2 [보기]와 같이 질문에 대답해 봅시다.

> 가 : 어제 시장에 갔어요?
> 나 : 아니요, 시장에 안 갔어요.
> 　　서점에 가고 공원에 갔어요.

(1) 가 : 집에서 텔레비전을 봤어요?

　　나 : _____

　　　　 _____

(2) 가 : 지난주 주말에 한국어 공부를 했어요?

　　나 : _____

　　　　 _____

(3) 가 : 점심에 라면을 먹었어요?

　　나 : _____

　　　　 _____

(4) 가 : _____?

　　나 : _____

　　　　 _____

 듣기

새 단어 아침을 먹다 약 괜찮다

문제 1 다음을 읽고 맞으면 O, 틀리면 X 하십시오.

① 왕밍 씨는 어제 아팠습니다. Ⓞ Ⓧ

② 율리아 씨는 오늘 10시에 병원에 갑니다. Ⓞ Ⓧ

③ 율리아 씨는 보통 아침 7시쯤에 일어납니다. Ⓞ Ⓧ

문제 2 율리아 씨는 어제 몇 시에 일어났습니까?

_____

 읽기

※ 다음을 읽고 질문에 답해 봅시다.

 라이언 씨는 어제 아침 6시 반에 일어났습니다.

7시에 아침을 먹고 8시 30분에 학교에 갔습니다. 학교에서 한국어를 배우고 1시 15분 쯤에 친구와 같이 학생 식당에서 밥을 먹었습니다. 점심을 먹고 2시 30분에 도서관에 갔습니다. 도서관에서 공부를 하고 5시쯤에 시장에 갔습니다. 시장에서 쇼핑을 하고 7시에 집에 왔습니다. 집에서 씻고 8시에 텔레비전을 보고 저녁을 먹었습니다. 밥을 먹고 숙제를 하고 11시 30분쯤에 잠을 잤습니다.

저녁을 먹다

문제 1 위 글의 내용과 같은 것을 고르십시오. (   )

① 라이언 씨는 7시에 일어났습니다.

② 라이언 씨는 오늘 학교에 안 갔습니다.

③ 라이언 씨는 저녁을 먹고 텔레비전을 봤습니다.

④ 라이언 씨는 도서관에서 공부를 하고 시장에 갔습니다.

문제 2 라이언 씨는 몇 시에 잠을 잤습니까?

....

※ 친구와 같이 이야기해 봅시다.

질문	친구 :	친구 :
① 이름이 뭐예요?		
② 몇 살이에요?		
③ 보통 몇 시에 일어나요?		
④ 보통 언제 저녁을 먹어요?		
⑤ 내일 도서관에 가요?		
⑥ 보통 주말에 무엇을 해요?		
⑦ 작년 생일에 무엇을 했어요?		

쓰기

※ 나의 하루는 어떻습니까? 몇 시에 무엇을 합니까? 시간표를 만들고 써 봅시다.

LESSON
11

부모님께서는
캐나다에 계세요

학습 목표 가족 소개하기
높임말 사용하기

문 법 1. A/V-(으)시-
2. N(이)시-
3. N께서(는)

이 사람들은 누구입니까?

가족이 모두 몇 명입니까?

본문

호앙과 라이언은 같이 라이언의 가족사진을 봅니다.

호　양: 이 분이 라이언 씨의 아버지와 어머니세요?

라이언: 네, 우리 부모님이세요. 부모님께서는 캐나다에 계세요.

호　양: 부모님께서는 캐나다에서 무슨 일을 하세요?

라이언: 아버지께서는 회사원이세요.

　　　　어머니께서는 은행에서 일하셨지만 지금은 일을 안 하세요.

호　양: 이 사람은 누구예요?

라이언: 제 남동생이에요. 올해 21살이에요. 지금 영국에서 대학교에 다녀요.

호　양: 키가 아주 커요. 그런데 라이언 씨, 여동생도 있어요?

라이언: 아니요, 이 사람은 제 누나예요.

　　　　누나는 부모님과 함께 캐나다에서 살아요.

라이언의 가족은 몇 명입니까?

라이언의 남동생은 어느 나라에서 무엇을 합니까?

어휘와 표현

가족	우리	계시다	다니다
사진	부모님	무슨	그런데
분 / 명	께서(는)	동생	살다

1 가족

2 높임 어휘

①	남동생이	할아버지께서	
②	남동생은	할아버지께서는	
③	밥	진지	
④	생일	생신	
⑤	집	댁	
⑥	이름	성함	
⑦	나이	연세	
⑧	사람/명	분	
⑨	자다	주무시다	
⑩	있다	계시다	
⑪	먹다	드시다	
⑫	마시다		
⑬	주다	드리다	
⑭	죽다	돌아가시다	

③ 있다/ 계시다

가 : 동생이 집에 있어요?

나 : 아니요, 동생이 집에 없어요.

가 : 선생님께서는 어디에 계십니까?

나 : 선생님께서는 교실에 계십니다.

④ 명/ 분

가 : 가족이 몇 명이에요?

나 : 아버지와 어머니가 계시고 형이 한 명 있어요. 모두 네 명이에요.

가 : 선생님이 몇 분 계세요?

나 : 선생님이 세 분 계세요.

⑤ 다니다

가 : 형은 어느 학교에 다닙니까?

나 : 경기대학교에 다닙니다.

가 : 아버지께서는 무슨 일을 하세요?

나 : 회사에 다니세요.

연습 1 다음 그림을 보고 (   ) 안에 알맞은 말을 써 봅시다.

우리 가족은 모두 (   )명입니다.

할아버지와 할머니가 (   ).

(   )이/가 계십니다.

남동생도 있습니다.

문법

1 N께서(는)

가 : 선생님께서는 무엇을 하십니까?

나 : 선생님께서는 교실에서 한국어를 가르치십니다.

아버지께서는 텔레비전을 보시고 어머니께서는 신문을 읽으세요.

2 누구 / 누가

가 : 이 사람은 누구예요?

나 : 제 동생이에요.

가 : 누가 청소를 해요?

나 : 호앙 씨가 청소를 해요.

😊 누구 + 가 → 누가

3 A/V-(으)십니다 / -(으)세요

V	받침 O	-으십니다 / 으세요	읽다 → 읽으십니다 / 읽으세요
	받침 X	-십니다 / 세요	보다 → 보십니다 / 보세요

가 : 아버지께서는 지금 무엇을 하십니까?

나 : 아버지께서는 책을 읽으십니다.

가 : 선생님, 무엇을 가르치세요?

나 : 저는 한국어를 가르쳐요.

4 A/V-(으)셨습니다 / -(으)셨어요

A/V	받침 O	-으셨습니다 / 으셨어요	읽다 → 읽으셨습니다 / 읽으셨어요
	받침 X	-셨습니다 / 셨어요	보다 → 보셨습니다 / 보셨어요

가 : 선생님, 어제 무엇을 읽으셨어요?

나 : 신문을 읽었어요.

가 : 할머니께서는 어제 어디에 가셨습니까?

나 : 할머니께서는 어제 공원에 가셨습니다.

연습 1 활용 연습을 해 봅시다.

	-(으)십니다	-(으)세요	-(으)셨습니다	-(으)셨어요
보다				
가르치다	가르치십니다			
입다				
운동하다			운동하셨습니다	
씻다				
만나다		만나세요		
쉬다				
웃다				웃으셨어요
일하다				
먹다 / 마시다	드십니다			
자다			주무셨습니다	
있다		계세요		

연습 2 [보기]와 같이 문형 연습을 해 봅시다.

> **보기**
>
> 가 : (어머니, 하다) 어머니께서 무슨 일을 하세요?
> 나 : (회사, 다니다) 회사에 다니세요.

(1) 가 : (아버지, 하다) _____ ?

　　나 : (텔레비전, 보다) _____ .

(2) 가 : (선생님, 언제, 자다) _____ ?

　　나 : (11시, 자다) _____ .

(3) 가 : (할아버지, 어디, 가다) _____ ?

　　나 : (일본, 가다) _____ .

(4) 가 : _____ ?

　　나 : _____ .

연습 3 그림을 보고 질문에 대답해 봅시다.

(1)

　　가 : 아버지께서 무엇을 하세요?

　　나 : _____ .

(2)

　　가 : 어머니께서 무엇을 하세요?

　　나 : _____ .

(3)

　　가 : 김 선생님께서 무엇을 하세요? ?

　　나 : _____ .

⑤ N(이)십니다 / (이)세요
N(이)셨습니다 / (이)셨어요

N	받침 O	이십니다 / 이세요. 이셨습니다/ 이셨어요	선생님→ 선생님이십니다 / 선생님이세요 선생님이셨습니다 / 선생님이셨어요
	받침 X	십니다/세요 셨습니다/셨어요	의사→ 의사십니다 / 의사세요 의사셨습니다 / 의사셨어요

이 분은 한국어 선생님이십니다.

우리 할아버지께서는 의사셨어요.

가: 아버지께서는 무슨 일을 하세요?

나: 아버지께서는 회사원이세요.

연습 1 [보기]와 같이 문형 연습을 해 봅시다.

> **보기**
>
> 가 : 저 분은 누구세요?
> 나 : (우리 어머니) 우리 어머니세요.

(1) 가 : 누가 최 선생님이세요?

　　나 : (저 분) _____.

(2) 가 : 아버지 연세가 어떻게 되세요?

　　나 : (쉰 살) _____.

(3) 가 : 이 분은 누구세요?

　　나 : (할아버지) _____.

 듣기

새 단어 결혼을 하다

문제 1 다음을 잘 듣고 맞으면 O, 틀리면 X 하십시오.

① 호앙 씨의 어머니께서는 요리사십니다. ⓞ ⓧ

② 호앙 씨의 형은 결혼을 했습니다. ⓞ ⓧ

③ 호앙 씨의 동생은 18살입니다. ⓞ ⓧ

문제 2 다음을 잘 듣고 질문에 대답해 봅시다.

(1) 맞는 것을 고르십시오. (   )

① 율리아 씨의 가족은 모두 같이 삽니다.

② 율리아 씨의 아버지께서는 의사십니다.

③ 율리아 씨의 언니 한 명은 결혼을 했습니다.

④ 율리아 씨의 부모님께서는 보통 주말에 테니스를 치십니다.

(2) 율리아 씨의 가족은 모두 몇 명입니까?

읽기

※ 다음을 읽고 질문에 답하십시오.

율리아 : 지영 씨, 이것은 무슨 사진이에요?

지　영 : 우리 언니 결혼사진이에요.

율리아 : 언니가 언제 결혼했어요?

지　영 : 작년 봄에 결혼했어요. 올해 4월 18일이 결혼기념일이에요.

율리아 : 언니가 참 예뻐요. 여기 언니 옆에 이 분들은 부모님이세요?

지　영 : 네, 우리 부모님이세요.

율리아 : 부모님 옆에 이 남자는 누구예요?

지　영 : 우리 오빠예요. 지금 경기대학교에 다녀요.

율리아 : 이 남자 아이는 지영 씨 동생이에요?

지　영 : 네, 제 동생이에요. 동생은 열 살이에요.

결혼기념일

문제 1　율리아 씨와 지영 씨는 지금 무엇을 봅니까?

문제 2　지영 씨의 언니는 언제 결혼을 했습니까?

 말하기

※ 친구와 같이 이야기해 봅시다.

질문	대답	
	나	친구 :
1. 가족 / 몇 명?		
2. 부모님 / 연세 / 어떻게 / 되다?		
3. 부모님 / 무슨 일 / 하다?		
4. 부모님 / 어디 / 계시다?		

 쓰기

※ 여러분의 가족을 소개해 봅시다.

12

LESSON

얼마예요?

학습 목표	물건 사기
문 법	1. 얼마예요? 2. N에 얼마예요? 3. V-(으)십시오/V-(으)세요

슈퍼마켓에 무엇이 있습니까?

여러분은 슈퍼마켓에서 무엇을 삽니까?

165

본문

율리아 씨는 슈퍼마켓에 갔습니다.

아저씨: 어서 오세요. 무엇을 드릴까요?

율리아: 안녕하세요. 요즘 무슨 과일이 맛있어요?

아저씨: 요즘은 귤이 달고 맛있어요.

율리아: 귤은 한 개에 얼마예요?

아저씨: 한 개는 안 팔아요. 세 개에 1,000원이에요.

율리아: 사과는 얼마예요?

아저씨: 사과는 두 개에 2,000원이에요.

율리아: 그럼 귤 여섯 개 주세요. 그리고 사과도 두 개 주세요. 모두 얼마예요?

아저씨: 모두 4,000원이에요.

율리아: 네, 4,000원 여기 있습니다.

아저씨: 감사합니다. 또 오세요.

 율리아 씨는 슈퍼마켓에서 무엇을 샀습니까?

사과는 한 개에 얼마입니까?

어휘와 표현

어서 오세요	귤	달다	개
팔다	원	그리고	모두
얼마	또		

1 수량명사

개	병	잔	권

장	그루	송이	대

채	자루	분/명	마리

167

2 어서 오세요

가 : 어서 오세요.

나 : 안녕하세요? 바나나 있어요?

가 : 어서 오십시오.

나 : 주스 한 병하고 빵 세 개 주세요.

3 원

가 : 이 사과는 한 개에 얼마예요?

나 : 800원이에요.

가 : 저 가방은 40,000원입니까?

나 : 아니요, 저 가방은 35,000원이고 이 가방이 40,000원입니다.

4 맛

| 맵다 | 달다 | 쓰다 | 짜다 | 시다 |

김치찌개가 조금 매워요.

초콜릿은 달아요

커피가 써요.

소금은 짜요.

레몬은 시어요(셔요).

5 그리고

가 : 어제 무엇을 했어요?

나 : 집에서 숙제를 했어요. 그리고 친구를 만났어요.

가 : 커피 두 잔 주세요. 그리고 케이크도 한 조각 주세요.

나 : 네, 알겠습니다.

6 모두

가 : 빵 다섯 개하고 주스 두 병 주세요. 모두 얼마예요?

나 : 모두 4,800원입니다.

가 : 우리 반에는 학생이 모두 몇 명 있습니까?

나 : 모두 12명 있습니다.

7 여기 있어요(있습니다)

가 : 라면 두 봉지 주세요.

나 : 네, 여기 있습니다.

가 : 공책 두 권하고 지우개 한 개 주세요.

나 : 여기 있어요.

 문법

① 얼마예요? (얼마입니까?)

가 : 이 사과는 얼마예요?

나 : 천 원이에요.

가 : 모두 얼마입니까?

나 : 칠만 오천 육백 원입니다.

연습 1 [보기]와 같이 써 봅시다.

900원 ☞ 구백 원

(1) 2,700원 ☞ --

(2) 308,200원 ☞ --

(3) 13,950원 ☞ --

(4) 70,560원 ☞ --

② N에 얼마예요? (얼마입니까?)

한국어 책이 한 권에 얼마예요?

이 볼펜은 한 자루에 얼마예요?

커피가 한 잔에 얼마예요?

맥주는 한 병에 얼마예요?

가 : 주스가 한 병에 얼마예요?

나 : 천 팔백 원이에요.

가 : 저 빵은 한 개에 얼마입니까?

나 : 구백 원입니다.

3 V-(으)세요 / (으)십시오

가 : 아저씨, 빵 두 개하고 우유 두 개 주세요.

나 : 네, 여기 있습니다.

가 : 안녕히 계세요.

나 : 네, 안녕히 가십시오.

N	받침 O	V-으세요 / 으십시오	읽다 → 읽으세요 / 읽으십시오
	받침 X	V-세요 / 십시오	가다 → 가세요 / 가십시오

연습 1 활용 연습을 해 봅시다.

	-(으)세요	-(으)십시오
보다	보세요	보십시오
쓰다		
읽다		
입다		
씻다		
만나다		
쉬다		
말하다		
앉다		
주다		
사다		
공부하다		
먹다		
마시다		
자다		

연습 2 [보기]와 같이 문형 연습을 해 봅시다.

라이언 씨, 책을 읽으세요.

(1) 공책에 ＿＿＿＿＿＿＿＿＿＿＿＿＿.(쓰다)

(2) 의자에 ＿＿＿＿＿＿＿＿＿＿＿＿＿.(앉다)

(3) 칠판을 ＿＿＿＿＿＿＿＿＿＿＿＿＿.(보다)

(4) 친구를 ＿＿＿＿＿＿＿＿＿＿＿＿＿.(만나다)

(5) 커피를 ＿＿＿＿＿＿＿＿＿＿＿＿＿.(마시다)

 **듣기**

문제 1 다음을 잘 듣고 질문에 대답해 봅시다.

(1) 왕밍 씨는 무엇을 샀습니까?

: 공책 ＿＿＿＿＿＿＿＿＿＿권 , 연필 ＿＿＿＿＿＿＿＿＿＿자루

(2) 모두 얼마입니까?

: 모두 ＿＿＿＿＿＿＿＿＿＿＿＿＿＿원입니다.

 읽기

※ 다음을 읽고 질문에 대답해 보십시오.

지 영 : 호암 씨, 무슨 책을 사요?

호 암 : 한국어 책 한 권하고 한국어 사전을 사요. 무슨 사전이 좋아요?

지 영 : 이 사전이 좋아요. 이 사전을 사세요.

호 암 : 그래요? 아저씨, 이 사전은 얼마예요?

아저씨 : 30,000원입니다.

호 암 : 이 사전 한 권하고 경기대학교 한국어 책 한 권 주세요.

아저씨 : 지금 사전은 있지만 한국어 책은 없어요. 내일 오세요.

호 암 : 네, 알겠습니다.

지 영 : 호암 씨, 사전을 샀어요?

호 암 : 아니요, 내일 한국어 책과 같이 살 거예요.

문제 1 맞으면 O, 틀리면 X 하십시오.

(1) 호앙 씨는 한국어 사전을 한 권 샀습니다. Ⓞ Ⓧ

(2) 한국어 책은 한 권에 30,000원이입니다. Ⓞ Ⓧ

(3) 한국어 책은 지금 없습니다. Ⓞ Ⓧ

(4) 호앙 씨는 내일 한국어 책과 한국어 사전을 삽니다. Ⓞ Ⓧ

 말하기

※ 여기는 슈퍼마켓입니다. 그림을 보고 친구와 같이 이야기해 봅시다.

① 두 사람이 함께 이야기해 봅시다.

② 한 사람은 주인, 한 사람은 손님입니다.

우유 / 1,200원	사탕 / 500원	초콜릿 / 1,500원

바나나 / 3,500원	빵 / 1,200원	아이스크림 / 1,000원

초코과자 / 2,400원	콜라 / 1,000원	사과 / 1,000원

 보기

주인: 어서 오세요.

손님: 초콜릿이 얼마예요?

주인: 한 개에 오백 원이에요.

손님: 콜라는 얼마예요?

주인: 한 캔에 천 원이에요.

손님: 초콜릿 두 개하고 콜라 세 캔 주세요.

주인: 네, 모두 육천 원이에요.

손님: 여기 있어요.

주인: 감사합니다. 또 오세요.

 쓰기

※ 친구와 말한 것을 써 봅시다.

가 : 어서 오세요.

나 : _____

가 : _____

나 : _____

가 : _____

나 : _____

가 : _____

나 : _____

가 : _____

나 : _____

가 : _____

나 : _____

가 : _____

나 : _____

가 : _____

나 : _____

가 : _____

나 : _____

가 : _____

나 : _____

13

LESSON

날씨도 좋으니까 좀 걸읍시다

학습 목표 제안하기, 주문하기

문　법　1. V-(으)ㄹ까요
　　　　　2. V-(으)ㅂ시다
　　　　　3. S-(으)니까 S
　　　　　4. 'ㄷ' 불규칙 활용

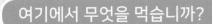

여기에서 무엇을 먹습니까?

여기에서 어떻게 이야기합니까?

본문

왕밍 씨와 준코 씨가 수업이 끝나고 교실 밖에서 이야기합니다.

왕　밍: 준코 씨, 오늘은 학생식당에서 김치찌개를 먹을까요?

준　코: 저는 김치찌개를 안 좋아해요. 너무 매워요.

왕　밍: 그러면 피자를 먹을까요?

준　코: 좋아요. 피자를 먹읍시다. 정문 앞에 피자 가게가 있어요. 거기에 갈까요?

왕　밍: 그래요. 오늘 날씨도 좋으니까 좀 걸읍시다.

두 사람이 피자 가게에 왔습니다.

점　원: 어서 오세요. 몇 분이십니까?

준　코: 두 명이에요.

점　원: 여기에 앉으세요. 무엇을 드릴까요?

준　코: 왕밍 씨, 이 집은 불고기 피자가 맛있어요.

왕　밍: 그럼 불고기 피자를 먹읍시다. 콜라도 마실까요?

준　코: 네, 좋아요.

왕　밍: 여기 불고기 피자 한 판하고 콜라 두 잔 주세요.

점　원: 네, 알겠습니다. 잠깐만 기다리세요.

두 사람은 어디에 갔습니까?

두 사람은 왜 김치찌개를 안 먹습니까?

어휘와 표현

김치찌개	너무	그러면/그럼
정문	좀	걷다
피자	판	잠깐만

① 음식

불고기	갈비	삼겹살	삼계탕	냉면
김치찌개	된장찌개	미역국	비빔밥	김밥
탕수육	짜장면	라면	스파게티	피자
햄버거	치킨	콜라	사이다	녹차
케이크	빵	과자	커피	주스

2 너무

가 : 김치찌개는 너무 매워요.
나 : 많이 매워요? 물을 드세요.
가 : 한국의 여름 날씨가 어때요?
나 : 한국의 여름은 너무 더워요.

3 그러면 / 그럼

가 : 김치찌개가 너무 매워요.
나 : 그러면 물을 드세요.
가 : 저는 피자가 싫어요.
나 : 그럼 무슨 음식이 좋아요?

4 좀

가 : 아주머니, 여기 물 좀 주세요.
나 : 네, 알겠습니다.
가 : 정우 씨, 거기 제 가방 좀 주세요.
나 : 네, 여기 있어요.

5 판

가 : 피자 한 판하고 콜라 주세요.
나 : 네, 잠깐만 기다리세요.

6 집

꽃집에서 꽃을 사요.
저기는 떡볶이집이에요.
이 집은 불고기가 맛있어요.

7 여기

가 : 여기 얼마예요?
나 : 34,000원입니다.
가 : 여기 물 좀 주세요.
나 : 네, 잠깐만 기다리세요.

문법

1-1 V-(으)ㄹ까요?

N	받침 O	-을까요?	먹다 → 먹을까요?
	받침 X 받침 'ㄹ'	-ㄹ까요?	가다 → 갈까요? 놀다 → 놀까요?

가 : 제가 책을 읽을까요?

나 : 네, 읽으세요.

가 : 제가 몇 시에 전화할까요?

나 : 7시에 전화하세요.

연습 1 활용 연습을 해 봅시다.

동사	V-아요/어요	V-ㅂ니다/습니다	V-(으)ㄹ까요?
사다	사요		
만나다		만납니다	
보다			
먹다	먹어요		먹을까요?
입다			
가르치다		가르칩니다	
배우다			
공부하다	공부해요		
*살다		삽니다	
*만들다			

연습 2 [보기]와 같이 문형 연습을 해 봅시다.

(이 옷을 입다)

가 : 오늘 이 옷을 입을까요?

나 : 네, 아주 멋있어요. 입으세요.

(1)

(무슨 과일 / 사다)

가 : _____ ?

나 : _____ .

(2)

(중국음식 / 만들다)

가 : _____ ?

나 : _____ .

(3)

(기숙사 / 살다)

가 : _____ ?

나 : _____ .

(4)

(어디 / 공부하다)

가 : _____ ?

나 : _____ .

1-2 V-(으)ㄹ까요?   〈제안〉

V	받침 O	-을까요?	먹다 → 먹을까요?
	받침 X 받침 'ㄹ'	-ㄹ까요?	가다 → 갈까요? 놀다 → 놀까요?

우리 도서관에 가서 책을 읽을까요?

주말에 같이 영화를 볼까요?

우리 같이 불고기를 만들까요?

가: 다음 주에 에버랜드에 갈까요?

나: 네, 좋아요.

가: 여기에서 사진을 찍을까요?

나: 네, 좋아요.

연습 1 [보기]와 같이 문형 연습을 해 봅시다.

> **보기**
>
> (도서관/가다) 우리 같이 도서관에 갈까요?

(1) (텔레비전/보다) ⋯⋯⋯⋯⋯⋯⋯⋯⋯⋯⋯⋯⋯⋯⋯⋯⋯⋯⋯⋯⋯⋯⋯?

(2) (비빔밥/먹다) ⋯⋯⋯⋯⋯⋯⋯⋯⋯⋯⋯⋯⋯⋯⋯⋯⋯⋯⋯⋯⋯⋯⋯⋯?

(3) (케이크/만들다) ⋯⋯⋯⋯⋯⋯⋯⋯⋯⋯⋯⋯⋯⋯⋯⋯⋯⋯⋯⋯⋯⋯?

② V-(으)ㅂ시다

	받침 O	-읍시다	먹다 → 먹읍시다
V	받침 X	-ㅂ시다	가다 → 갑시다
	받침 'ㄹ'		놀다 → 놉시다

여기에 앉읍시다.

우리 내일 저녁에 만납시다.

가: 오늘 뭘 먹을까요?

나: 김치찌개를 먹읍시다.

가: 내일 시험이 있어요. 같이 공부할까요?

나: 좋아요. 그러면 우리 같이 도서관에 갑시다.

연습 1 [보기]와 같이 문형 연습을 해 봅시다.

> **보기**
>
> 가 : 오늘 뭘 먹을까요?
>
> 나 : (비빔밥) 비빔밥을 먹읍시다.

(1) 가 : 준코 씨 생일에 무엇을 줄까요?

　　나 : (꽃) _____.

(2) 가 : 무슨 요일에 야구장에 갈까요?

　　나 : (금요일) _____.

(3) 가 : 언제 축구를 할까요?

　　나 : (다음 주말) _____.

(4) 가 : 무슨 음식을 먹을까요?

　　나 : (김밥) _____.

연습 2 [보기]와 같이 대화를 만들어 봅시다.

> **보기**
>
> 가 : 주말에 무엇을 할까요?
>
> 나 : 같이 서울에 갑시다.

(1) 가 : 내일 어디에 갈까요?

　　나 : _____ .

(2) 가 : 우리 어디에서 공부를 할까요?

　　나 : _____ .

(3) 가 : 저녁에 무엇을 먹을까요?

　　나 : _____ .

3 S-(으)니까 S 〈이유〉

A/V	받침 O	-으니까	먹다 → 먹으니까 많다 → 많으니까
	받침 X 받침 'ㄹ'	-니까	가다 → 가니까 크다 → 크니까 놀다 → 노니까

날씨가 좋으니까 걸읍시다.

늦었으니까 택시를 탑시다.

비가 오니까 우산을 써요.

김치찌개가 매우니까 물을 드세요.

가: 커피숍에 갈까요?

나: 배가 고프니까 식당에 갑시다.

N	받침 O	-이니까	학생 → 학생이니까
	받침 X	-니까	친구 → 친구니까

학생이니까 열심히 공부해요.

친구니까 도와요.

연습 1 [보기]와 같이 문형 연습을 해 봅시다.

> **보기**
>
> 책이 무겁다 / 저에게 주다
> ☞ 책이 무거우니까 저에게 주세요.

(1) 시간이 많다 / 차 한 잔 마시다.

☞ _____.

(2) 김치찌개가 맵다 / 물을 마시다.

☞ _____.

(3) 비가 많이 오다 / 택시를 타다.

☞ _____.

(4)   /

☞ _____.

연습 2 [보기]와 같이 대화를 만들어 봅시다.

> **보기**
>
> 가 : 늦었으니까 택시를 탈까요?
> 나 : 지금도 버스가 있으니까 버스를 탑시다.

(1) 가 : _____ 탕수육을 먹을까요?

나 : _____ 김치찌개를 먹읍시다.

(2) 가 : _____ 도서관에 갑시다.

나 : _____ 준코 씨 혼자 가세요.

4 'ㄷ' 불규칙 활용

걷다	-아/어	걷다 + 어요 → 걸어요
	-으	걷다 + (으)니까 → 걸으니까
묻다	-아/어	묻다 + 어요 → 물어요
	-으	묻다 + (으)니까 → 물으니까
듣다	-아/어	듣다 + 어요 → 들어요
	-으	듣다 + (으)니까 → 들으니까
*닫다	-아/어	닫다 + 어요 → 닫아요
	-으	닫다 + (으)니까 → 닫으니까

가: 지영 씨는 지금 뭐 해요?

나: 지영 씨는 걸어요.

가: 엥크 씨는 무엇을 해요?

나: 노래를 들어요.

가: 선생님, 추워요.

나: 그럼 날씨가 추우니까 문을 닫을까요?

연습 1 활용 연습을 해 봅시다.

동사	-ㅂ/습니다	-고	-(으)니까	-(으)ㄹ까요?	-(으)ㅂ시다
걷다	걷습니다	걷고	걸으니까	걸을까요?	걸읍시다
묻다					
듣다					
*받다	받습니다	받고	받으니까	받을까요?	받읍시다
*닫다					
*믿다					

연습 2 [보기]와 같이 맞는 것에 ○ 하십시오.

선생님 말씀을 잘 듣으세요. ( ) / 들으세요. (○)

(1) 집에서 학교까지 걷어요. (   ) / 걸어요. (   )

(2) 편지를 받았어요? (   ) / 발았어요? (   )

(3) 몰라요? 그러면 선생님께 묻으세요. (   ) / 물으세요. (   )

(4) 추우니까 문을 닫으세요. (   ) / 달으세요. (   )

연습 3 [보기]와 같이 문형 연습을 해 봅시다.

가 : 매일 운동을 합니까?
나 : (걷다) 네, 매일 아침에 공원을 걸어요.

(1) 가 : 오늘 뉴스를 들었어요?

　　나 : (듣다) 아니요, ＿＿＿＿＿＿＿＿＿＿＿＿＿.

(2) 가 : 한국어를 몰라요.

　　나 : (묻다) 저도 모르니까 호앙 씨에게 ＿＿＿＿＿＿＿＿＿＿＿.

(3) 가 : 생일에 뭐했어요?

　　나 : (받다) 생일 선물을 ＿＿＿＿＿＿＿＿＿＿＿＿＿.

(4) 가 : 그 사람을 믿으세요?

　　나 : (믿다) 네, 친구니까 ＿＿＿＿＿＿＿＿＿＿＿＿＿.

듣기

새 단어   퇴근 시간   먼저

문제 1 다음을 잘 듣고 맞으면 O, 틀리면 X 하십시오.

(1) 여자와 남자는 오후에 만납니다. O X

(2) 여자는 등산을 좋아하지 않습니다. O X

(3) 남자와 여자는 같이 극장에서 영화를 봅니다. O X

(4) 남자는 피자를 먹고 여자는 불고기를 먹습니다. O X

문제 2 다음을 잘 듣고 질문에 맞는 답을 쓰십시오.

(1) 두 사람은 무엇을 탔습니까?

⋯⋯⋯⋯⋯⋯⋯⋯⋯⋯⋯⋯⋯⋯⋯⋯⋯⋯⋯⋯⋯⋯⋯⋯⋯⋯⋯⋯

(2) 두 사람은 왜 지금 밥을 먹지 않습니까?

⋯⋯⋯⋯⋯⋯⋯⋯⋯⋯⋯⋯⋯⋯⋯⋯⋯⋯⋯⋯⋯⋯⋯⋯⋯⋯⋯⋯

 **읽기**

※ 다음을 읽고 질문에 대답해 봅시다.

준코 : 지영 씨가 피자를 샀으니까 제가 커피를 살까요?

지영 : 좋아요. 그럼 커피숍에 갑시다.

준코 : 여기 커피 두 잔 주세요. 케이크는 한 조각에 얼마예요?

점원 : 5000원입니다. ㉠이것도 드릴까요?

준코 : 지영 씨, 우리 케이크를 먹을까요?

지영 : 점심을 조금 전에 먹었으니까 다음에 먹읍시다.

준코 : 네, 그래요.
　　　 커피 두 잔만 주세요.

점원 : 네, 잠깐만 기다리세요.

조각

문제 1 ㉠이것은 무엇입니까?

문제 2 두 사람은 왜 케이크를 안 먹습니까?

말하기

※ 여러분은 주말에 무엇을 합니까? 친구와 같이 이야기해 봅시다.

언제 시간이 있어요?	
	수업이 끝나고 시간이 있어요.
오후에 보통 무엇을 해요?	
	쇼핑을 좋아하니까 명동에 자주 가요.
저도 쇼핑을 좋아해요.	
네, 좋아요. 오후에 명동에 갑시다.	그럼 오늘 수업이 끝나고 같이 명동에 갈까요?

질문	언제	무엇을 해요?
친구 1:		
친구 2:		
친구 3:		
친구 4:		

 쓰기

※ 수업이 끝나고 친구들과 무엇을 합니까?
다음을 문법을 사용해서 써 봅시다.

> N에서　　　－(으)니까　　　－(으)ㄹ까요?　　　－(으)ㅂ시다

가 :
나 :
가 :
나 :
가 :
나 :
가 :
나 :
가 :
나 :
가 :
나 :
가 :
나 :
가 :
나 :
가 :
나 :

memo

14
LESSON

버스를 타고 갑니다

학습 목표	교통수단 이용하기
문 법	1. V-(으)러 가다[오다] 2. N을/를 타다 3. N에서 내리다 4. 어떻게

여러분은 무엇을 많이 탑니까?

그것을 타고 어디에 갑니까?

본문

라이언 씨와 지영 씨가 도서관 앞에서 만났습니다.

라이언 : 지영 씨, 어디에 가요?

지　　영 : 친구를 만나러 광화문에 가요.

라이언 : 광화문이요?　저도 오늘 수업이 끝나고 광화문에 가요. 캐나다 대사관이 광
　　　　　화문에 있어요. 그런데 광화문에 어떻게 가요?

지　　영 : 학교 후문 앞 버스 정류장에서 8800번 버스를 타고 가세요.

라이언 : 어디에서 내려요?

지　　영 : 종로에서 내려요. 그리고 10분쯤 걸어가세요.

라이언 : 네, 고마워요. 우리 오늘 저녁에 광화문에서 만날까요?

지　　영 : 좋아요. 근처에 인사동도 있으니까 인사동에서 저녁을 먹읍시다.
　　　　　나중에 전화하세요.

라이언 : 그럼 저녁에 만납시다.

라이언 씨는 왜 광화문에 갑니까?

두 사람은 저녁에 어디에서 만납니까?

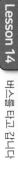

어휘와 표현

광화문	버스 정류장	대사관	인사동	후문
번	타다	나중에		

1 장소

광화문	종로	인사동

2 교통수단

버스	자전거	택시	비행기
지하철	배	기차	자동차
오토바이			

3 번

가 : 몇 번 버스가 명동에 가요?

나 : 8800번 버스가 명동에 가요.

가 : 700번 버스는 어디에 갑니까?

나 : 그 버스는 수원역에 갑니다.

4 N이/가 끝나다

수업이 끝났어요.

영화가 끝났습니다.

시험이 끝나고 친구와 같이 밥을 먹어요.

5 나중에

나중에 만납시다.

영화는 나중에 봐요.

수업이 끝나고 나중에 전화해요.

 문법

1 V-(으)러 가다[오다]

V	받침 O	-으러 가다[오다]	먹다 → 먹으러 가다[오다]
	받침 X 받침 'ㄹ'	-러 가다[오다]	사다 → 사러 가다[오다] 놀다 → 놀러 가다[오다]

가: 지영 씨, 지금 어디에 가요?

나: 밥을 먹으러 학생 식당에 가요.

가: 엥크 씨는 왜 한국에 왔어요?

나: 한국에 한국어를 배우러 왔어요.

198

연습 1 [보기]와 같이 문형 연습을 해 봅시다.

> 학교, 공부하다 ☞ 학교에 공부하러 갑니다.

(1) 시장, 옷을 사다 ☞ _____ .

(2) 식당, 점심을 먹다 ☞ _____ .

(3) 학교 정문, 친구를 만나다 ☞ _____ .

(4) 문구점, 연필을 사다 ☞ _____ .

(5) 백화점, 쇼핑을 하다 ☞ _____ .

(6) 꽃집, 꽃을 사다 ☞ _____ .

연습 2 [보기]와 같이 질문에 대답해 봅시다.

> 가 : 왜 서울에 가요?
> 나 : (쇼핑) 쇼핑을 하러 가요.

(1) 가 : 왜 극장에 가요?

　나 : (영화) _____ .

(2) 가 : 왜 한국에 왔어요?

　나 : (일) _____ .

(3) 가 : 왜 공원에 가요?

　나 : (산책) _____ .

❷ N을/를 타다

제 차를 타고 갑시다.

저는 버스를 타고 학교에 갑니다.

가 : 광화문에 무엇을 타고 갑니까?

나 : 지하철을 타고 갑니다.

연습 1　그림을 보고 [보기]와 같이 문형 연습을 해 봅시다.

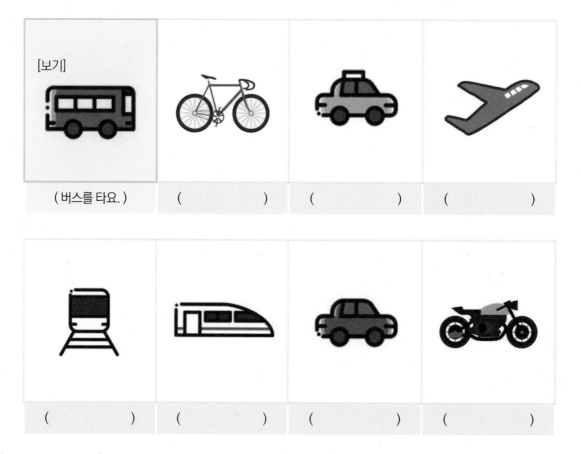

[보기]			
(버스를 타요.)	( )	( )	( )
( )	( )	( )	( )

3-1 N에서 내리다   〈교통수단〉

N	받침 O	에서 내리다	지하철에서 내리다
	받침 X		택시에서 내리다

지금 비행기에서 내렸어요.

기차에서 내렸어요.

모두 버스에서 내리세요.

연습 1 그림을 보고 [보기]와 같이 문형 연습을 해 봅시다.

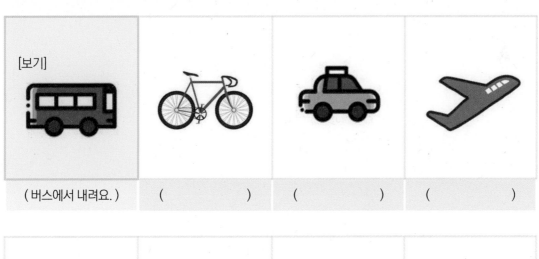

[보기]   (버스에서 내려요.)   (   )   (   )   (   )

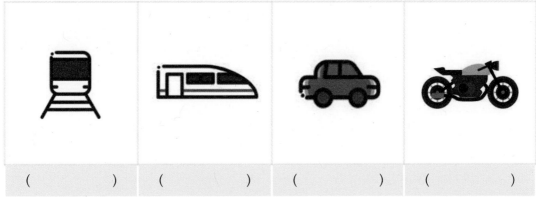

(   )   (   )   (   )   (   )

3-2 N에서 내리다[N에 내리다]　　　　　　　　　　〈장소〉

N	받침 O	에서 내리다	버스정류장에서 내리다
	받침 X		종로에서 내리다

지금 서울역에서 내렸어요.

비행기를 타고 인천공항에 내렸어요.

가 : 어디에서 내리세요?

나 : 수원역에서 내려요.

가 : 지영 씨, 어디에서 내릴까요?

나 : 경기대학교에서 내립시다.

연습 1　[보기]와 같이 문형 연습을 해 봅시다.

　　　가 : 우리 어디에서 내릴까요?

　　　나 : (명동역) 명동역에서 내립시다.

(1) 가 : 어디에서 내려요?

　　나 : (사당역) _____ .

(2) 가 : 서울역에서 내릴까요?

　　나 : (시청역) _____ .

(3) 가 : 어디에서 내리세요?

　　나 : (수원역) _____ .

(4) 가 : _____ ?

　　나 : _____ .

4 어떻게

가 : 한국에 어떻게 왔습니까?

나 : 비행기를 타고 왔습니다.

가 : 명동에 어떻게 갈까요?

나 : 버스를 타고 갑시다.

연습 1 [보기]와 같이 문형 연습을 해 봅시다.

> **보기**
>
> 가 : (명동) 명동에 어떻게 갑니까?
>
> 나 : (버스) 버스를 타고 가세요.

(1) 가 : (시장) _____?

　　나 : (자전거) _____.

(2) 가 : (사당역) _____?

　　나 : (지하철) _____.

(3) 가 : (한국) _____?

　　나 : (배) _____.

(4) 가 : _____?

　　나 : _____.

듣기

새 단어 비행기 표   기차역   길이 막히다

문제 1 다음을 잘 듣고 맞으면 ○, 틀리면 × 하십시오.

(1) 주말에는 비행기 표가 싸지 않습니다. ○ ⊗

(2) 엥크 씨는 주말에 제주도에 갔습니다. ○ ⊗

(3) 엥크 씨는 수원역에서 기차를 탑니다. ○ ⊗

문제 2 엥크 씨는 제주도에 무엇을 타고 갑니까? 쓰십시오.

....

읽기

※ 다음 글을 읽고 질문에 답해 봅시다.

 저는 베트남 사람입니다. 저는 지난달에 한국에 왔습니다.

베트남과 한국은 교통이 많이 다릅니다.

베트남에서는 사람들이 오토바이를 많이 탑니다. 학생들도 보통 오토바이를 타고 학교에 갑니다. 저도 베트남에서는 오토바이를 타고 학교에 다녔습니다.

그런데 한국에서는 사람들이 오토바이를 많이 타지 않습니다. 한국 사람들은 버스와 택시, 지하철을 많이 탑니다. 저는 친구를 만나러 서울에 자주 갑니다. 서울은 길이 많이 막히니까 지하철을 타고 갑니다. 학교는 집에서 가까우니까 걸어갑니다.

N들 / 보통 / 걸어가다 / 길이 막히다

문제 1 위 글의 내용과 같은 것을 고르십시오. (   )

① 베트남은 길이 막히지 않습니다.

② 한국 사람들은 오토바이를 타지 않습니다.

③ 베트남에서는 학생들만 오토바이를 탑니다.

④ 한국에서는 보통 버스와 지하철을 많이 탑니다.

말하기

※ [보기]와 같이 말해 봅시다.

> **보기**
>
> ① 장소 : 종로, 명동, 세종문화회관, 수원역, 도서관 놀이공원, 수원 화성, 식당
> ② 교통수단 : 버스, 지하철, 택시, 자전거
> ③ V-(으)려 : 친구 선물을 사다, 놀다, 친구를 만나다, 옷을 사다, 콘서트를 보다,
>   밥을 먹다, 공부를 하다

[보기]

정우 씨, 지금 어디에 가요?	저는 인사동에 가요.
인사동에 왜 가요?	친구 선물을 사러 가요. 같이 갑시다.
좋아요. 인사동에 어떻게 가요?	학교 후문에서 버스를 타고 사당역에서 내려요. 그리고 지하철을 타고 안국역에서 내려요.

쓰기

※ 여러분은 한국에서 학교에 어떻게 다닙니까?
　고향에서는 무엇을 타고 학교에 다녔습니까?
　다음 문법을 사용해서 써 봅시다.

-고	-지만	-(으)니까	-(으)러	-하고

15

LESSON

사당역에 내려서 지하철을 타요

학습 목표 　지하철 이용하기

문　　법
1. S-아서/어서 S
2. N(으)로〈수단〉
3. N(으)로 가다[오다]

한국에서 지하철을 탔습니까?

지하철을 타고 어디에 갔습니까?

본문

엥크 씨와 호앙 씨가 기숙사에서 이야기를 합니다.

엥 크 : 주말에 무엇을 할까요?

호 앙 : 이번 주에는 코엑스몰에 가서 영화도 보고 쇼핑도 해요.

엥 크 : 코엑스몰에 어떻게 가요? 지하철로 갈까요?

호 앙 : 좋아요. 7000번 버스를 타고 사당으로 가서 지하철을 탑시다.

주말입니다. 사당역에서 두 사람이 길을 묻습니다.

엥 크 : 저, 죄송하지만, 코엑스몰에 어떻게 갑니까?

아저씨 : 코엑스몰이요? 저쪽으로 가서 지하철 2호선을 타세요.
　　　　삼성역에서 내려서 왼쪽으로 쭉 걸어가세요. 거기가 코엑스몰이에요.

엥 크 : 감사합니다.

아저씨 : 아니에요.

두 사람은 코엑스몰에서 무엇을 할 겁니까?

코엑스몰에 어떻게 갑니까?

어휘와 표현

코엑스몰	사당역	삼성역
저쪽	쭉	쭉

1 N쪽

저쪽에 친구가 살아요.

왼쪽으로 조금 걸어가세요. 그러면 지하철역이 있어요.

정문 쪽에 피자집이 있어요.

2 몰라요

가 : 선생님 전화번호를 알아요?

나 : 아니요, 저도 몰라요.

가 : 이 문제의 답을 알아요?

나 : 아니요, 몰라요.

3 저

저, 실례합니다. 화장실이 어디에 있어요?

저, 여기 물 좀 주세요.

저, 이 버스가 사당역에 갑니까?

저, 선생님! 질문이 있습니다.

4 N호선

가 : 수원역에 어떻게 갑니까?

나 : 지하철 1호선을 타세요.

가 : 몇 호선을 타고 삼성역에 갑니까?

나 : 지하철 2호선을 타고 삼성역에 가요.

⑤ **걸어가다 / 걸어오다**

가 : 학교까지 어떻게 왔어요?
나 : 걸어왔어요.

가 : 이 근처에 편의점이 있어요?
나 : 오른쪽으로 조금 걸어가세요.

⑥ **아니에요**

가 : 정말 고맙습니다.
나 : 아니에요.

가 : 늦어서 미안합니다.
나 : 아니에요. 저도 지금 왔어요.

 문법

① **S-아서/어서 S**

A/V	ㅏ, ㅗ O	-아서	가다 → 가서
	ㅏ, ㅗ X	-어서	먹다 → 먹어서
	하다	-해서	공부하다 → 공부해서

친구를 만나서 저녁을 먹었어요.
동대문 시장에 가서 옷을 샀어요.
버스에서 내려서 지하철을 탔어요.

연습 1 [보기]와 같이 맞는 것에 ○ 하십시오.

보기

버스 정류장에서 (내리고, 내려서) 왼쪽으로 가세요.

(1) 백화점에 (가고, 가서) 선물을 샀어요.

(2) 아침에 (일어나고, 일어나서) 운동을 합니다.

(3) 고향에 (가고, 가서) 친구를 만납니다.

(4) 비가 오니까 택시를 (타고, 타서) 학교에 갑니다.

(5) 케이크를 (만들고, 만들어서) 친구에게 줬어요.

(6) 저녁에 중국 요리를 (하고, 해서) 먹었습니다.

(7) 옷을 (입고, 입어서) 나갔습니다.

(8) 가방을 (들고, 들어서) 나갔습니다.

(9) 신발을 (벗고, 벗어서) 들어오세요.

(10) 식사를 (하고, 해서) 약을 먹어요.

연습 2 [보기]와 같이 문형 연습을 해 봅시다.

보기

병원에 가세요. 거기에서 의사를 만나세요.

☞ 병원에 가서 의사를 만나세요.

(1) 사과를 씻으세요. / 그 사과를 드세요.

☞ _____ .

(2) 어제 친구를 만났어요. / 그 친구와 놀이공원에 놀러 갔어요.

☞ _____ .

(3) 오늘 바다에 갔어요. / 바다에서 수영을 했어요.

☞ _____ .

N	받침 O	으로	볼펜 → 볼펜으로
	받침 X 받침 'ㄹ'	로	버스 → 버스로
			지하철 → 지하철로

숟가락으로 밥을 먹어요.

학교에 버스로 왔어요.

연필로 숙제를 해요.

가: 제주도에 어떻게 갈까요?

나: 비행기로 갑시다.

연습 1   [보기]와 같이 문형 연습을 해 봅시다.

> 가 : 고향 친구들과 어떻게 연락해요?
> 나 : 이메일로 연락해요.

(1) 가 : 학교에 무엇을 타고 와요?

    나 : (자전거) _____ .

(2) 한국에 무엇을 타고 왔어요?

    나 : (비행기) _____ .

(3) 중국에서는 밥을 무엇으로 먹어요?

    나 : (젓가락) _____ .

(4) 친구들과 어떻게 이야기해요?

    나 : (한국말) _____ .

③ N(으)로 가다[오다]

N	받침 O	으로 가다[오다]	도서관 → 도서관으로 가다[오다]
	받침 X 받침 'ㄹ'	로 가다[오다]	학교 → 학교로 가다[오다]
			교실 → 교실로 가다[오다]

가 : 라이언 씨, 어디로 가세요?

나 : 학교로 가요.

가 : 아저씨, 경기대로 갑시다.

나 : 네, 후문 쪽으로 갈까요?

가 : 아니요, 정문 쪽으로 가세요.

연습 1 [보기]와 같이 문형 연습을 해 봅시다.

> 보기
>
> 가 : 저, 이 버스는 어디로 갑니까?
>
> 나 : (강남역) 강남역 쪽으로 갑니다.

(1) 가 : 호앙 씨는 어디로 갑니까?

　　나 : (도서관) 저는 _____.

(2) 가 : 손님, 어디로 갈까요?

　　나 : (명동) _____.

(3) 가 : 이 기차는 어디로 가요?

　　나 : (대구) _____.

듣기

새 단어

문제 1 다음을 잘 듣고 질문에 답하십시오.

(1) 두 사람은 지금 어디에 있습니까? (　　)

    ① 경기대학교 안　　　　　　　② 버스 안

    ③ 택시 안　　　　　　　　　　④ 경기대학교 정문

(2) 여기에서 경기대학교 정문이 가깝습니까, 후문이 가깝습니까? 쓰십시오.

 # 읽기

문제 1 다음 글을 읽고 질문에 답하십시오.

 오늘은 아침에 비가 왔습니다.

최수진 선생님은 7시 30분에 집에서 나왔습니다.

최 선생님은 매일 버스를 타고 학교에 갑니다. 오늘은 버스에 사람이 많았습니다.

최 선생님은 학교 정문 앞 버스정류장에서 내렸습니다. 버스정류장에서 호앙 씨를 만났습니다. 그런데 호앙 씨는 우산이 없었습니다. 그래서 두 사람은 같이 우산을 쓰고 학교에 갔습니다.

두 사람은 10분쯤 걸어서 8시 50분에 교실에 들어갔습니다.

나오다[나가다] / 매일 / 우산을 쓰다

(1) 이 글의 내용과 맞는 것을 찾으십시오. (　　　)

① 오늘은 날씨가 맑았습니다.

② 최 선생님은 우산이 있었습니다.

③ 최 선생님은 교실에서 호앙 씨를 만났습니다.

④ 오늘 최 선생님은 지하철로 학교에 갔습니다.

(2) 최 선생님은 호앙 씨를 몇 시에 만났습니까?

_____

※ 그림을 보고 친구와 이야기해 봅시다.

 보기

가 : 실례합니다. 극장이 어디에 있어요?

나 : 왼쪽으로 가세요. 학교 옆에 있어요.

1) 편의점

2) 병원

3) 약국

4) 미용실

5) 백화점

6) 은행

7) 식당

8) 학교

쓰기

※ 여러분은 학교에서 집에 어떻게 갑니까?
다음 문법을 사용해서 써 봅시다.

-에서	-(으)로 가다[오다]	쪽	-아서/어서

16.

LESSON

지영 씨에게
무슨 선물을 줄 거예요?

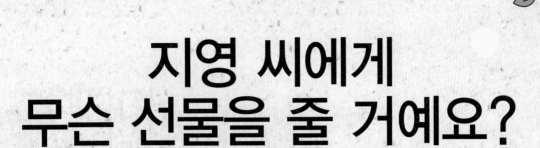

학습 목표 계획 말하기

문 법 1. V-(으)ㄹ 거예요
2. N도 V-고 N도 V
3. N이/가 N에게 N을/를 주다
   N이/가 N께 N을/를 드리다
   N께서 N에게 N을/를 주시다

여러분의 나라에서는 생일에 무엇을 합니까?

친구 생일에 친구에게 무슨 선물을 줍니까?

본문

지 영: 왕밍 씨, 토요일에 시간이 있어요? 우리 집에서 제 생일 파티를 할 거예요.

왕 밍: 와! 지영 씨, 생일 축하해요. 파티에 우리 반 친구들을 초대했어요?

지 영: 네, 준코 씨도 오고 호앙 씨도 올 거예요.

　　　 왕밍 씨도 저녁 6시에 우리 집으로 오세요.

왕 밍: 네, 좋아요.

　　　　　　　　　　　　……

왕 밍: 준코 씨, 지영 씨에게 무슨 선물을 줄 거예요?

준 코: 케이크하고 꽃을 줄 거예요. 왕밍 씨는 무엇을 선물할 거예요?

왕 밍: 저는 귀걸이도 주고 생일 카드도 줄 거예요.

준 코: 그럼 오후에 같이 지영 씨 생일 선물을 사러 갈까요?

왕 밍: 네, 그래요. 같이 가요.

지영 씨는 언제 생일 파티를 합니까?

왕밍 씨는 지영 씨에게 무슨 선물을 줄 것입니까?

어휘와 표현

생일	파티	꽃	N들
축하하다[추카하다]	초대하다	카드	귀걸이
선물(하다)	주다		

① 축하하다

가 : 생일 축하합니다.

나 : 고맙습니다.

가 : 저 다음 달에 결혼해요.

나 : 결혼을 축하해요.

② N을/를 N에 초대하다

가 : 생일 파티에 누구를 초대할 거예요?

나 : 우리 반 친구들을 초대할 거예요.

가 : 오늘 집에 누가 와요?

나 : 선생님이 오실 거예요. 선생님을 집에 초대했어요.

③ N들

가 : 학생들이 모두 어디에 있어요?

나 : 모두 운동장에서 운동을 해요.

가 : 한국 친구들이 있어요?

나 : 네, 한국 친구들이 많아요.

문법

① V-(으)ㄹ 거예요 / V-(으)ㄹ 겁니다

V	받침 O	-을 거예요	먹다 → 먹을 거예요/먹을 겁니다
	받침 X 받침 'ㄹ'	-ㄹ 거예요	가다 → 갈 거예요/갈 겁니다
			살다 → 살 거예요 / 살 겁니다

오늘은 생일이니까 케이크를 먹을 거예요.
주말에 저는 영화를 볼 겁니다.
저는 나중에 한국에서 살 거예요.
저는 저녁에 공원에서 산책할 거예요.

연습 1 활용 연습을 해 봅시다.

	-(으)ㄹ 거예요	-(으)ㄹ 겁니다
읽다	읽을 거예요	
보다		
자다		
먹다		
쉬다		
만나다		만날 겁니다
가르치다		
배우다		
듣다		
입다		입을 겁니다
돕다		
만들다		
운동하다		
공부하다	공부할 거예요	

연습 2 다음 문장을 완성해 봅시다.

(1) 지난 방학에 부산에 여행을 갔어요. 다음 방학에는 제주도에 _____.

(2) 오늘 호앙 씨를 만나요. 내일은 준코 씨를 _____.

(3) 이번 주에는 바빠요. 그래서 다음 주에 은행에 _____.

(4) 오늘은 한국 음식을 만들었어요. 내일은 중국 음식을 _____.

(5) 오늘 저녁에 남자친구와 같이 _____.

② N도 V-고 N도 V

V	받침 O	N도 V-고 N도 V	먹다 → 먹고
	받침 X 받침 'ㄹ'		가다 → 가고
			살다 → 살고

아침에 빵도 먹고 우유도 마셨어요.

학교에 와서 책도 읽고 공부도 해요.

저녁에는 음악도 듣고 영화도 봐요.

연습 1 [보기]와 같이 문형 연습을 해 봅시다.

> **보기**
>
> 밥을 먹어요. 김치를 먹어요.
> ☞ 밥도 먹고 김치도 먹어요.

(1) 한국어를 배워요. 영어를 배워요.

☞ _____.

(2) 버스를 탔어요. 지하철을 탔어요.

☞ _____.

(3) 숙제를 할 거예요. 텔레비전을 볼 거예요.

☞ _____.

연습 2 [보기]와 같이 대화를 만들어 봅시다.

> 가 : 점심에 무엇을 먹었어요?
> 나 : (빵, 우유) 빵도 먹고 우유도 마셨어요.

(1) 가 : 생일에 무엇을 했어요?

　　나 : (노래, 춤) ＿＿＿＿＿＿＿＿＿＿＿＿＿＿＿＿＿＿＿＿ .

(2) 가 : 시장에서 무엇을 살 거예요?

　　나 : (고기, 과일) ＿＿＿＿＿＿＿＿＿＿＿＿＿＿＿＿＿＿ .

(3) 가 : 주말에 어디에 갈 거예요?

　　나 : (극장, 백화점) ＿＿＿＿＿＿＿＿＿＿＿＿＿＿＿＿＿ .

(4) 가 : ＿＿＿＿＿＿＿＿＿＿＿＿＿＿＿＿＿＿＿＿＿＿＿＿ ?

　　나 : ＿＿＿＿＿＿＿＿＿＿＿＿＿＿＿＿＿＿＿＿＿＿＿＿ .

❸ N이/가 N에게[한테] N을/를 주다

가 : 친구에게 무슨 선물을 줄 거예요?
나 : 친구에게 시계를 줄 거예요.

가 : 호앙 씨한테 무엇을 줬어요?
나 : 책을 줬어요.

❹ N이/가 N께 N을/를 드리다

가 : 누가 선생님께 꽃을 드려요?
나 : 라이언 씨가 선생님께 꽃을 드려요.

가 : 할머니께 무엇을 드릴 거예요?
나 : 할머니께 옷을 드릴 거예요.

5 N께서 N에게[한테] N을/를 주시다

가 : 아버지께서 무엇을 주셨어요?

나 : 아버지께서 저에게 책 한 권을 주셨어요.

가 : 어머니께서 동생한테 무엇을 주십니까?

나 : 어머니께서 동생한테 우유를 주십니다.

| 부모님, 선생님 |

N께서 N에게 N을/를 주시다   ↓↑   N이/가 N께 N을/를 드리다

| 나 | ↔ | 친구, 동생 |

N이/가 N에게 N을/를 주다

연습 1   [보기]와 같이 문장을 만들어 봅시다.

 보기

나 ☞ 친구 (책)
내가 친구에게 책을 줍니다.

(1) 정우 → 선생님 (커피)

　 정우 씨가 선생님 _____

(2) 아버지 → 지영 (책)

　 아버지께서 지영 씨 _____

(3) 왕밍 → 율리아 (케이크)

　 왕밍 씨가 율리아 씨 _____

듣기

새 단어 그러면 그럴까요? 또 모두들

문제 1 다음을 잘 듣고 맞으면 O, 틀리면 X 하십시오.

(1) 라이언 씨는 토요일에 집에서 쉴 겁니다. O X

(2) 왕밍 씨는 주말에 청소도 하고 텔레비전도 볼 겁니다. O X

(3) 왕밍 씨는 일요일에 남자 친구 선물을 살 겁니다. O X

문제 2 다음을 잘 듣고 맞는 것을 고르십시오. (　　　)

(1) 율리아 씨 생일은 7월 19일입니다.

(2) 이번 주 토요일은 정우 씨 생일입니다.

(3) 생일 파티에서 모두들 같이 밥을 먹을 겁니다.

(4) 정우 씨는 생일 파티에 가족들과 친구들을 초대했습니다.

읽기

※ 다음을 읽고 질문에 답하십시오.

 안녕하세요?

다음 주 토요일은 제 생일입니다.

우리 반 친구들을 제 생일 파티에 초대합니다. 모두 제 생일 파티에 오세요.

생일 파티는 5월 9일 오후 6시에 경기대학교 앞 경기 호프집에서 합니다.

같이 저녁도 먹고 맥주도 마시고 이야기도 합시다.

학교 정문 앞에 와서 전화하세요. 그럼 다음 주 토요일에 만납시다.

- 여러분의 친구 지영

호프집 / 맥주

문제 1 누가 생일 초대 카드를 썼습니까?

문제 2 지영 씨는 생일 파티에 누구를 초대했습니까?

문제 3 생일 파티에서 무엇을 할 겁니까?

 말하기

※ 여러분의 나라에서는 생일에 보통 무엇을 합니까? 생일에 무슨 음식을 먹습니까?
　　친구와 같이 이야기해 봅시다.

질문	나	친구 :
① 이름이 뭐예요?		
② 생일이 언제예요?		
③ 생일에 보통 무엇을 해요?		
④ 생일에 무슨 음식을 먹어요?		
⑤ 생일에 무슨 선물을 줘요?		
⑥ 생일에 무슨 선물을 받았어요?		
⑦ 작년 생일에 무엇을 했어요?		

 쓰기

※ 친구에게 생일 축하 카드를 써 봅시다.

LESSON

17

저는 영화 보기를 좋아해요

학습 목표 취미 이야기하기

문 법
1. V-기를 좋아하다[싫어하다]
2. S-아서/어서 S〈이유〉
   N이어서/여서
3. V-아/어 보다〈시도〉

여러분은 주말에 보통 무엇을 합니까?

여러분은 취미가 무엇입니까?

본문

왕　밍: 라이언 씨는 취미가 뭐예요?

라이언: 저는 사진 찍기를 좋아해서 주말에 사진을 많이 찍어요.

왕　밍: 사진 찍기가 재미있어요?

라이언: 네, 재미있어요. 왕밍 씨도 해 보세요.
　　　　왕밍 씨는 주말에 보통 무엇을 해요?

왕　밍: 저는 영화 보기를 좋아해서 주말에는 영화를 많이 봐요.

라이언: 그럼 이번 주말에 시간이 있어요? 같이 영화를 볼까요?

왕　밍: 네, 좋아요. 오전에는 사람도 많지 않고 영화표도 싸니까 오전에 영화를
　　　　봅시다.

라이언: 그러면 오전에 영화를 보고 오후에는 사진을 찍으러 갈까요?

왕　밍: 네, 그럼 주말에 만나요.

왕밍 씨는 무엇을 좋아합니까?

왜 아침에 영화보기가 좋습니까?

234

어휘와 표현

| 취미 | N이/가 좋다 | N을/를 좋아하다 |

1 취미

가 : 취미가 무엇입니까?

나 : 제 취미는 그림 그리기입니다.

영화 보기	책 읽기	음악 듣기	피아노 치기	컴퓨터 게임 하기
노래하기	춤추기	그림 그리기	사진 찍기	산책하기
요리하기	등산하기	여행하기	운동하기	수영하기

| 야구하기 | 축구하기 | 농구하기 | 배드민턴 치기 | 달리기 |

② N을/를 좋아하다[싫어하다]

가 : 한국 음식을 좋아해요?

나 : 네, 좋아하지만 한국 음식은 조금 매워요.

가 : 무슨 과일을 좋아합니까?

나 : 바나나와 딸기를 좋아합니다.

③ N이/가 좋다[싫다]

가 : 무슨 음식이 좋아요?

나 : 불고기가 좋아요.

가 : 오늘 공부하기가 싫어요?

나 : 아니요, 공부하기가 싫지 않지만 머리가 조금 아파요.

연습 1 [보기]와 같이 질문에 대답해 봅시다.

> **보기**
>
> 가 : 무슨 음식을 좋아해요?   가 : 무슨 음식이 좋아요?
> 나 : 김밥을 좋아해요.   나 : 김밥이 좋아요.

(1) 가 : 무슨 운동을 좋아해요?

　　나 : _____.

(2) 가 : 무슨 요일을 좋아해요?

　　나 : _____.

(3) 가 : 무슨 과일을 좋아해요?

　　나 : _____.

(1) 가 : 무슨 운동이 좋아요?

　　나 : _____.

(2) 가 : 무슨 요일이 좋아요?

　　나 : _____.

(3) 가 : 무슨 과일이 좋아요?

　　나 : _____.

236

 문법

1 V-기

V	받침 X	-기	읽다 → 읽기
			가다 → 가기

가 : 취미가 무엇입니까?

나 : 제 취미는 음악듣기입니다.

가 : 주말에 보통 무엇을 해요?

나 : 저는 산책하기를 좋아해요.

연습 1 활용 연습을 해 봅시다.

V	V-기	V	V-기
사다		입다	
배우다		살다	
만나다		먹다	
기다리다		타다	
읽다		쓰다	
듣다		말하다	

연습 2 [보기]와 같이 문형 연습을 해 봅시다.

> **보기**
>
> 저 / 음악을 듣다
> ☞ 저는 음악 듣기를 좋아해요.

(1) 엥크 씨 / 노래하다 ☞ _____.

(2) 정우 씨 / 요리하다 ☞ _____.

(3) 라이언 씨 / 운동하다 ☞ _____.

② S-아서/어서 S

	ㅏ, ㅗ O	-아서	가다 → 가서
A/V	ㅏ, ㅗ X	-어서	먹다 → 먹어서
	하다	-해서	공부하다 → 공부해서

옷이 너무 비싸서 안 샀어요.

밥을 많이 먹어서 배가 아파요.

영화 보기를 좋아해서 극장에 가요.

음악을 많이 들어서 귀가 아파요.

날씨가 추워서 옷을 많이 입어요.

	받침 O	-이어서	학생 → 학생이어서
N	받침 X	-여서	친구 → 친구여서

가: 내일은 왜 학교에 안 가요?

나: 내일은 토요일이어서 학교에 안 가요.

연습 1 [보기]와 같이 문형 연습을 해 봅시다.

보기

일이 많아요. 바빠요. ☞ 일이 많아서 바빠요.

(1) 시간이 없어요. 아침을 안 먹었어요. ☞ _____ .

(2) 비가 와요. 택시를 탔어요. ☞ _____ .

(3) 운동을 많이 해요. 다리가 아파요. ☞ _____ .

③ V-아/어 보다 〈시도〉

V	ㅏ, ㅗ O	-아서	가다 → 가 보세요
	ㅏ, ㅗ X	-어서	먹다 → 먹어 보세요
	하다	-해서	공부하다 → 공부해 보세요

가 : 편의점은 과일이 비싸요.

나 : 남문 시장에 가 보세요. 거기 과일이 싸요.

가 : 요즘 무슨 책이 재미있어요?

나 : 이 책이 재미있으니까 읽어 보세요.

연습 1 [보기]와 같이 문형 연습을 해 봅시다.

> 가 : 무슨 음식이 맛있어요?
>
> 나 : (불고기) 불고기를 먹어 보세요.

(1) 가 : 무슨 옷을 살까요?

　　나 : (이 옷) _____.

(2) 가 : 여자 친구와 어디에 갈까요?

　　나 : (남산) _____.

(3) 가 : 무슨 운동을 배울까요?

　　나 : (태권도) _____.

(4) 가 : _____?

　　나 : _____.

듣기

문제 1 다음을 잘 듣고 맞으면 O, 틀리면 X 하십시오.

(1) 왕밍 씨의 취미는 수영입니다. ⓞ ⊗

(2) 호앙 씨는 운동을 좋아합니다. ⓞ ⊗

(3) 왕밍 씨는 여행을 가서 사진을 찍습니다. ⓞ ⊗

(4) 호앙 씨는 방학에 고향에 가서 여행을 합니다. ⓞ ⊗

문제 2 들은 내용과 다른 것을 고르십시오. (   )

① 왕밍 씨는 운동을 안 좋아합니다.

② 왕밍 씨는 여행을 좋아하지 않습니다.

③ 호앙 씨는 여행을 가서 그림을 그립니다.

④ 호앙 씨는 주말에 친구들과 운동을 합니다.

읽기

※ 다음을 읽고 맞으면 O, 다르면 X 하십시오.

> 저는 혼자 영화 보기를 좋아해요. 그래서 오늘도 혼자 극장에 갔어요. 극장에 사람이 많았어요. 극장에 한국 영화하고 미국 영화가 있었어요. 저는 한국어 공부가 재미있으니까 한국 영화 보기도 좋아해요. 그래서 한국 영화표를 샀어요. 영화가 재미있으니까 사람들이 많이 웃었어요.
> 저는 극장에서 콜라도 마시고 팝콘도 먹었어요.
>
> 팝콘

문제 1 이 사람은 혼자 영화를 봤습니다. ⓞ ⊗

문제 2 이 사람은 미국 영화를 싫어합니다. ⓞ ⊗

문제 3 이 사람은 극장에서 음식을 먹지 않았습니다. ⓞ ⊗

※ 친구와 같이 이야기해 봅시다. 취미가 무엇입니까? 그것을 왜 좋아합니까?

가 : 취미가 뭐예요?

나 : 저는 노래하기와 춤추기를 좋아해요.

가 : 왜 좋아해요?

나 : 재미있어서 좋아해요.

※ [보기]와 같이 친구들과 함께 이야기해 봅시다.

가 : 날씨가 추워요.

나 : 옷을 많이 입어 보세요.

	나	친구 1 :	친구 2 :
한국어가 어려워요.			
숙제를 안 했어요.			
남자/여자 친구가 없어요.			
배가 고프지만 돈이 없어요.			

 쓰기

※ 여러분은 무엇을 좋아하고 무엇을 싫어합니까?
  왜 그것을 좋아합니까? 왜 그것을 싫어합니까?
  다음 문법을 사용해서 써 봅시다.

| V-기를 좋아하다[싫어하다]   A/V-아서/어서   V-아/어 보다 |

memo

18
LESSON

라이언 씨가 테니스를 잘 치는군요

학습 목표	가능/능력 말하기
문 법	V-(으)ㄹ 수 있다[없다]
	잘 V / 못 V / 잘못 V
	V-는 N
	A-군요 / V-는군요 / N(이)군요

여러분은 무엇을 잘합니까? 무엇을 잘 못합니까?

우리 반에서 노래를 잘하는 친구는 누구입니까?

본문

엥크 씨와 정우 씨가 테니스를 치는 라이언 씨를 봅니다.

엥　크: 저기 테니스를 치는 사람이 누구예요?

정　우: 아, 라이언 씨군요.

엥　크: 라이언 씨가 테니스를 잘 치는군요. 정우 씨도 테니스를 칠 수 있어요?

정　우: 조금 배웠지만 잘 못 쳐요. 엥크 씨는 테니스를 잘 쳐요?

엥　크: 네, 저는 테니스를 좋아해서 많이 쳐요.
　　　우리도 내일 같이 테니스를 칠까요?

정　우: 내일은 일요일이어서 테니스장이 문을 닫아요.

엥　크: 그렇군요. 그럼 모레는 테니스장이 문을 열어요?

정　우: 네, 모레는 문을 열어요. 그럼 모레 같이 테니스를 치러 갑시다.

지금 테니스를 치는 사람은 누구입니까?

내일은 왜 테니스를 칠 수 없습니까?

어휘와 표현

테니스를 치다	테니스장	열다
닫다		

1 치다

볼링을 치다

탁구를 치다

기타를 치다

피아노를 치다

박수를 치다

😊 야구/축구/농구를 하다

2 닫다 ↔ 열다

가 : 라이언 씨, 오후에 같이 테니스를 칠까요?

나 : 오늘은 테니스장이 문을 닫아서 테니스를 칠 수 없어요.

가 : 오늘은 슈퍼마켓이 왜 문을 안 열어요?

나 : 일요일이어서 문을 안 열어요.

문법

① **V-(으)ㄹ 수 있다[없다]**

V	받침 O	-을 수 있다/없다	먹다 → 먹을 수 있어요[없어요]
	받침 X 받침 'ㄹ'	-ㄹ 수 있다/없다	가다 → 갈 수 있어요[없어요]
			만들다 → 만들 수 있어요[없어요]

가 : 지영 씨, 운전을 할 수 있어요?

나 : 네, 할 수 있어요.

가 : 지영 씨, 오늘 운전을 할 수 있어요?

나 : 아니요, 오늘은 술을 마셔서 할 수 없어요.

☺ ① 저는 수영을 배워서 수영을 할 수 있어요.

② 오늘은 날씨가 추워서 수영을 할 수 없어요.

(= 저는 수영을 할 수 있지만 오늘은 날씨가 추워서 할 수 없어요.)

연습 1 [보기]와 같이 질문에 대답해 봅시다.

> **보기**
>
> 가 : 수영을 할 수 있어요
>
> 나 : (네) 네, 수영을 할 수 있어요.
>
> (아니요) 아니요, 수영을 할 수 없어요.

(1) 가 : 자전거를 탈 수 있어요?

　　나 : (네) _____ .

(2) 가 : 일본어 책을 읽을 수 있어요?

　　나 : (아니요) _____ .

(3) 가 : 한국말을 할 수 있어요?

　　나 : (네) _____ .

연습 2 [보기]와 같이 질문에 대답해 봅시다.

> **보기**
>
> 가 : 오늘 농구를 할 수 있어요?
> 나 : (비가 오다) 아니요, 비가 와서 오늘은 농구를 할 수 없어요.

(1) 가 : 오늘 같이 점심을 먹을 수 있어요?

    나 : (배가 아프다) _____.

(2) 가 : 저녁에 같이 영화를 볼 수 있어요?

    나 : (숙제가 많다) _____.

(3) 가 : 주말에 산에 갈 수 있어요?

    나 : (약속이 있다) _____.

② 잘 V / 못 V / 잘못 V

가 : 스키를 탈 수 있어요?
나 : 아니요, 스키를 못 타요. 그렇지만 스케이트는 잘 타요.

가 : 누가 수영을 할 수 있어요?
나 : 호앙 씨가 수영을 잘해요.

    준코 씨는 수영을 못하고, 저는 조금 할 수 있지만 잘 못해요.

① 저는 한국말을 할 수 있어요.

  – 한국말을 잘해요.

  – 한국말을 잘 못해요. (= 한국말을 조금 할 수 있어요.)

② 저는 한국말을 할 수 없어요. (= 한국말을 못해요.)

하다 V	잘하다 / 못하다 / 잘못하다	수영을 하다 → 수영을 잘해요. 수영을 못해요. 수영을 잘 못해요.
V	잘 V / 못 V / 잘못 V	피아노를 치다 → 피아노를 잘 쳐요. 피아노를 못 쳐요. 피아노를 잘 못 쳐요.

연습 1 [보기]와 같이 질문에 대답해 봅시다.

> **보기**
>
> 가 : 외국어를 잘해요?
>
> 나 : (영어 / 프랑스어) 영어는 잘하지만, 프랑스어는 잘 못해요.

(1) 가 : 운동을 잘해요?

　　나 : (축구 / 테니스) ＿＿＿＿＿＿＿＿＿＿＿＿＿＿＿＿＿ .

(2) 가 : 한국말을 잘해요?

　　나 : (듣기 / 말하기) ＿＿＿＿＿＿＿＿＿＿＿＿＿＿＿＿＿ .

(3) 가 : 한국 음식을 잘 먹어요?

　　나 : (불고기 / 김치) ＿＿＿＿＿＿＿＿＿＿＿＿＿＿＿＿＿ .

(4) 가 : ＿＿＿＿＿＿＿＿＿＿＿＿＿＿＿＿＿＿＿＿＿＿＿＿＿ ?

　　나 : ＿＿＿＿＿＿＿＿＿＿＿＿＿＿＿＿＿＿＿＿＿＿＿＿＿ .

연습 2 [보기]와 같이 대화를 만들어 봅시다.

> **보기**
>
> 가 : 피아노를 칠 수 있어요?
>
> 나 : 아니요, 피아노를 칠 수 없어요.
> 　　(손이 아프다) 손이 아파서 못 쳐요.

(1) 가 : 김치를 먹을 수 있어요?

　　나 : 아니요, ＿＿＿＿＿＿＿＿＿＿＿＿＿＿＿＿＿＿＿＿ .

　　　　(김치가 너무 맵다)

(2) 가 : 오늘 운전할 수 있어요?

　　나 : 아니요, ＿＿＿＿＿＿＿＿＿＿＿＿＿＿＿＿＿＿＿＿ .

　　　　(차가 없다)

(3) 가 : 오후에 테니스를 칠 수 있어요?

　　나 : 아니요, ＿＿＿＿＿＿＿＿＿＿＿＿＿＿＿＿＿＿＿＿ .

　　　　(테니스장이 문을 닫다)

(4) 가 : ＿＿＿＿＿＿＿＿＿＿＿＿＿＿＿＿＿＿＿＿＿＿＿＿ ?

　　나 : ＿＿＿＿＿＿＿＿＿＿＿＿＿＿＿＿＿＿＿＿＿＿＿＿ .

3 V–는 N

V	받침 O	–는	먹다 → 먹는
	받침 X		가다 → 가는
	받침 'ㄹ'		만들다 → 만드는

김치는 한국 사람들이 매일 먹는 음식이에요.

제 친구가 지금 만드는 음식은 스파게티예요.

쉬는 시간은 10분이에요.

요즘 한국어를 배우는 사람들이 많아요.

제가 좋아하는 과일은 딸기하고 포도예요.

연습 1 [보기]와 같이 문형 연습을 해 봅시다.

> **보기**
> 호앙 씨가 친구를 만나요. 그 친구는 지영 씨예요.
> 호앙 씨가 만나는 친구는 지은 씨예요.

(1) 정우 씨가 영화를 봐요. 그 영화가 재미있어요.

정우 씨가 (보다) _____ 영화는 재미있어요.

(2) 저는 버스를 타요. 그 버스는 7000번이에요.

제가 (타다) _____ 버스는 7000번이에요.

(3) 저는 책을 읽어요. 그 책은 한국어 책이에요.

제가 (읽다) _____ 책은 한국어 책이에요.

연습 2 [보기]와 같이 문형 연습을 해 봅시다.

정우 씨가 도서관에서 한국어 공부를 합니다.
☞ 도서관에서 한국어 공부를 하는 사람은 정우 씨예요.

(1) 동생이 책을 읽습니다. ☞ _____ .

(2) 어머니께서 커피를 드십니다. ☞ _____ .

(3) 준코 씨가 빵을 먹습니다. ☞ _____ .

❹ A-군요 / V-는군요 / N(이)군요

가 : 이 요리를 먹어 보세요. 어때요?

나 : 정말 맛있군요!

가 : 준코 씨는 한국 노래를 좋아해요.

나 : 그래서 한국 노래를 잘하는군요!

가 : 엥크 씨는 한국 사람이 아니에요. 몽골 사람이에요.

나 : 아, 그렇군요. 몽골 사람이군요.

연습 1 그림을 보고 [보기]와 같이 질문에 대답해 봅시다.

가 : 여기가 명동이에요.
나 : 사람이 정말 많군요!

(1) 가 : 이 사람이 제 여자 친구예요.

　　나 : _____ .

(2) 가 : 제가 라면을 끓였어요. 어때요?

　　나 : _____ .

(3) 가 : 여기가 우리 집이에요.

　　나 : _____ .

듣기

새 단어 낮

문제 1　다음을 잘 듣고 맞는 것을 고르십시오. (　　　　　)

① 왕밍 씨는 술 마시는 것을 좋아합니다.

② 내일 학교 앞에서 친구들을 만날 겁니다.

③ 내일 시험이 끝나서 친구들과 밥을 먹을 겁니다.

④ 정우 씨는 내일 수업이 있어서 친구들을 만날 수 없습니다.

 읽기

※ 다음을 읽고 질문에 답하십시오.

　　제 이름은 왕밍입니다. 저는 한국어를 잘 못하지만 열심히 공부합니다.
운동을 좋아하고 매일 아침 운동을 하는 사람은 호앙 씨입니다. 호앙 씨는 베트남 사람
입니다. 축구를 잘하는 학생입니다.
버스를 타고 학교에 오는 사람은 라이언 씨입니다. 라이언 씨는 한국 가수를 좋아해서
한국 노래를 잘합니다. 한국어도 잘합니다.
우리 반에서 잘 웃고 이야기를 많이 하는 사람은 율리아 씨입니다. 율리아 씨는 한국 음식을
잘 먹습니다. 한국음식은 좋아하지만 요리는 못합니다.
저는 이번 주말에 이 친구들과 서울에 갈 겁니다. 라이언 씨는 주말에 약속이 있어서 같이
갈 수 없습니다. 그래서 호앙 씨하고 율리아 씨하고 같이 갈 겁니다.

열심히 / 매일 / 약속이 있다

문제 1　다음을 읽고 맞는 것을 고르십시오. (　　　)

① 축구를 잘하는 학생은 왕밍 씨입니다.

② 지하철을 타고 오는 사람은 라이언 씨입니다.

③ 호앙 씨는 베트남 사람이고 한국어를 잘 합니다.

④ 율리아 씨는 한국 음식을 잘 먹지만 요리를 못합니다.

문제 2　왕밍 씨는 이번 주말에 누구와 같이 서울에 갈 겁니까?

말하기

※ 친구들과 같이 이야기해 봅시다. 'V-는 사람'은 누구입니까?

한국어 공부를 많이 하는 사람
노래를 잘하는 사람
운동을 잘하는 사람
술을 좋아하는 사람
남자/여자 친구가 있는 사람
숙제를 잘 안 하는 사람

※ 친구와 같이 이야기해 봅시다. 무엇을 할 수 있어요? 무엇을 잘해요?

	나	친구1 :	친구2 :
자전거를 탈 수 있어요?			
영어를 할 수 있어요?			
피아노를 칠 수 있어요?			
요리를 할 수 있어요?			
한국 노래를 할 수 있어요?			

쓰기

※ [보기]와 같이 여러분을 소개하는 글을 써 봅시다.

보기

저는 운동을 정말 잘해요. 제가 잘하는 운동은 농구, 축구, 야구예요.
그리고 저는 요리를 잘해요. 제가 하는 요리는 다 맛있어요.

19
LESSON

저는 한국어 선생님이 되고 싶어요

학습 목표　나의 꿈, 희망 말하기

문　　법　1. V-고 싶다/ V-고 싶어 하다
　　　　　2. V-겠-
　　　　　3. A-은/ㄴN
　　　　　　N인 N

한국에서 무엇을 하고 싶습니까?

한국어 공부가 끝나고 무엇을 하고 싶습니까?

257

본문

왕　밍: 율리아 씨, 한국어 공부가 끝나고 무슨 일을 하고 싶어요?

율리아: 저는 한국에서 대학교를 졸업하고 한국 회사에서 일하고 싶어요.

왕　밍: 그래요? 저는 한국어를 가르치는 선생님이 되고 싶어요. 저는 한국 문화를 좋아해서 한국에 왔어요. 율리아 씨도 한국 문화를 좋아해요?

율리아: 네. 저도 한국 문화를 좋아하지만 고향에 있는 제 동생도 좋아해요. 그래서 한국에 오고 싶어 해요. 내년에 고등학교를 졸업하고 한국에 와요.

왕　밍: 동생이 한국에 와요?

율리아: 네. 그래서 동생하고 맛있는 음식도 먹고 여행도 할 거예요.

왕　밍: 그럼 동생하고 제주도에 가 보세요. 너무 좋아요.

율리아: 그래요? 내년에 동생과 제주도에 가겠어요.

 왕밍 씨는 무엇이 되고 싶어 합니까?

율리아 씨는 내년에 무엇을 할 겁니까?

어휘와 표현

일	문화	대학교
졸업하다	되다	

1 일

가 : 지금 무슨 일을 해요?

나 : 저는 학교에서 한국어를 가르쳐요.

가 : 호앙 씨, 오늘 같이 저녁을 먹을 수 있어요?

나 : 미안해요. 오늘은 일이 있어서 먹을 수 없어요.

2 대학교

가 : 지영 씨 동생은 어느 대학교에 다녀요?

나 : 제 동생은 경기대학교에 다녀요.

가 : 대학교에서 무슨 공부를 하고 싶어요?

나 : 음악 공부를 하고 싶어요.

😊 초등학교 – 중학교 – 고등학교 – 대학교 – 대학원

3 N을/를 졸업하다 – N에 입학하다

가 : 대학교를 졸업하고 무엇을 할 거예요?

나 : 한국에서 대학원에 다닐 거예요.

가 : 언제 대학교에 입학했어요?

나 : 2월에 고등학교를 졸업하고 3월에 대학교에 입학했어요.

4 문화

가 : 한국에 왜 왔어요?

나 : 한국 문화가 좋아서 왔어요. 한글과 한국 음식이 좋아요.

가 : 한국에 와서 무엇이 힘들었어요?

나 : 문화가 다르니까 힘들었어요.

5 N이/가 되다

가 : 한국어를 공부하고 무엇을 할 거예요?

나 : 공부를 열심히 해서 한국어 선생님이 될 거예요.

가 : 10년 후에 무엇을 하고 싶어요?

나 : 가수가 될 거예요.

문법

① V-고 싶다
V-고 싶어 하다

V	받침 O	-고 싶다	먹다 → 먹고 싶다
			입다 → 입고 싶어 하다
	받침 X	-고 싶어 하다	가다 → 가고 싶다
			쓰다 → 쓰고 싶어 하다

저는 지금 너무 피곤해요. 그래서 커피를 마시고 싶어요.

저는 여름에 바다에 가고 싶어요. 하지만 동생은 산에 가고 싶어 해요.

가 : 어제 무엇을 했어요?

나 : 저는 쉬고 싶었지만 친구가 영화를 보고 싶어 해서 친구와 같이 극장에 갔어요.

☺ 저는 밥을 먹고 싶지 않아요. = 저는 밥을 안 먹고 싶어요.

정우 씨는 밥을 먹고 싶어 하지 않아요. = 정우 씨는 밥을 안 먹고 싶어 해요.

연습 1 [보기]와 같이 대화를 만들어 봅시다.

보기

가 : 무엇을 먹고 싶어요?

나 : (비빔밥) 비빔밥을 먹고 싶어요.

(1) 가 : 누구를 만나고 싶어요?

　　나 : (부모님) _____.

(2) 가 : 어디로 여행을 가고 싶어요?

　　나 : (프랑스) _____.

(3) 가 : 무엇을 안 하고 싶어요?

　　나 : (청소, 빨래) _____.

(4) 가 : 내년에 무엇을 하고 싶어요?

　　나 : _____.

261

연습 2 그림을 보고 [보기]와 같이 문장을 써 봅시다.

> **보기**
>
> 나   친구
>
> 저는 밥을 먹고 싶지만
> 친구는 빵을 먹고 싶어 해요.

(1)

나   친구

(2)

나   친구

(3)

나   남자 친구

(4)

나   여자 친구

❷ V-겠-　　　　　　　　　　　　　　　　　　　　〈미래〉

가 : 주말에 무엇을 할 거예요?

나 : 백화점에 가서 쇼핑을 하겠어요.

가 : 무엇을 드시겠습니까?

나 : 저는 주스를 마시겠어요.

연습 1　그림을 보고 [보기]와 같이 대화를 만들어 봅시다.

> 가 : 수업이 끝나고 어디에 갈 거예요?
>
> 나 : 서점에 가겠어요.

(1)

가 : 주말에 무엇을 할 거예요?

나 : _____ .

(2)

가 : 이번 방학에 뭐 할 거예요?

나 : _____ .

(3)

가 : 내일이 무슨 날이에요?

나 : _____ .

(4)

내일이 시험이에요. _____ .

③ A-은/ㄴ N

A	받침 O	-은 N	좋다 → 좋은 친구
	받침 X 'ㄹ'받침	-ㄴ N	크다 → 큰 가방 멀다 → 먼 학교
	있다/ 없다	-는 N	맛있다 → 맛있는 음식

가 : 정우 씨가 누구예요?

나 : 저기 키가 큰 남자가 정우 씨예요.

가 : 어제 뭘 했어요?

나 : 재미있는 영화를 보고 맛있는 음식도 먹었어요.

연습 1 활용연습을 해 봅시다.

	-은/ㄴ		-은/ㄴ
크다		시끄럽다	
작다		조용하다	
멀다		깨끗하다	
길다		귀엽다	
빠르다		쉽다	
짧다		비싸다	
높다		맛있다	
두껍다		재미없다	
얇다		멋있다	

연습 2 [보기]와 같이 문장을 완성해 봅시다.

(1) 저는 어제 시장에서 (크다) _____ 사과를 샀어요.

(2) 날씨가 추우니까 (따뜻하다) _____ 커피를 마실까요?

(3) 주말에 (재미있다) _____ 영화를 봤어요.

(4) 저는 머리가 (짧다) _____ 사람이 좋아요.

(5) 이 문법은 (어렵다) _____ 문법이에요.

④ N인 N

N	받침 O	N인 N	대학생 → 대학생인 제 동생
	받침 X		의사 → 의사인 제 친구

대학생인 정우 씨는 열심히 공부를 해요.

한국어 선생님인 제 친구가 베트남에서 왔어요.

통역사인 준코 씨는 한국어도 잘하고 영어도 잘해요.

 듣기

가방을 들다

문제 1 다음을 잘 듣고 친구를 찾아 번호를 쓰세요.

① 엥크　　② 율리아　　③ 지영　　④ 왕밍　　⑤ 호앙　　⑥ 준코

문제 2 다음을 잘 듣고 질문에 대답해 봅시다.

(1) 들은 내용과 다른 것은 무엇입니까? (   )

① 라이언 씨는 한국에서 일하고 싶어 합니다.

② 라이언 씨는 캐나다에서 대학교 공부를 하고 싶어 합니다.

③ 호앙 씨는 한국에서 대학교 공부를 하고 싶어 합니다.

④ 호앙 씨는 한국에 있는 여행사에서 일하고 싶어 합니다.

(2) 호앙 씨는 대학교를 졸업하고 무엇이 되고 싶어 합니까?

 읽기

※ 다음을 읽고 질문에 답하십시오.

 저는 한국 문화를 좋아합니다. 텔레비전에서 처음 태권도 경기를 봤습니다.

태권도가 너무 멋있어서 저도 배우고 싶었지만 고향에서는 태권도를 배우는 곳을 찾을 수 없었습니다. 그래서 저는 대학교를 졸업하고 한국에 왔습니다. 저는 요즘 오전에는 한국어를 배우고 오후에는 태권도를 합니다. 태권도는 힘들지만 재미있습니다. 저는 태권도를 해서 몸과 마음이 건강합니다.

다음 달에 태권도 경기가 있습니다. 열심히 해서 꼭 이기겠습니다.

찾다 / 몸 / 마음 / 건강하다 / 경기 / 이기다

문제 1 위 글의 내용과 같은 것을 고르십시오. (   )

① 한국에 와서 태권도 경기를 봤습니다.

② 고향에서는 태권도를 배울 수 없습니다.

③ 고향에 태권도를 배울 수 있는 곳이 많습니다.

④ 오전에는 한국어를 배우고 오후에는 태권도를 배웁니다.

 말하기

※ 친구와 같이 이야기해 봅시다.

	나	친구 :
① 지금 무슨 음식을 먹고 싶어요?		
② 한국에서 무엇을 하고 싶어요?		
③ 생일에 무슨 선물을 받고 싶어요?		
④ 5년 후에 어디에 가고 싶어요?		
⑤ 지금 누구를 만나고 싶어요?		
⑥ 무엇이 하고 싶지 않아요?		

 쓰기

※ 한국어 공부가 끝나고 무슨 일을 하고 싶습니까?
무엇이 되고 싶습니까? 써 봅시다.

20
LESSON

기차가 버스보다 더 빨라요

학습 목표　여행 계획 이야기하기
비교해서 말하기

문　법　1. A/V-(으)ㄹ까요?/ A/V-(으)ㄹ거예요.
2. N보다 (더) A
3. '르'불규칙

여행을 좋아합니까?

한국에서 어디로 여행을 가고 싶습니까?

본문

준코 씨와 율리아 씨가 교실에서 이야기를 합니다.

준 코: 율리아 씨, 주말에 비가 올까요?

율리아: 아마 토요일 오전에는 비가 올 거예요 그렇지만 일요일에는 날씨가 괜찮을
        거예요. 준코 씨, 주말에 어디에 가요?

준 코: 친구들하고 부산으로 여행을 갈 거예요. 율리아 씨는 부산에 갔어요?

율리아: 네, 저는 작년에 부모님과 같이 부산에 갔어요.

준 코: 그때 무엇을 타고 갔어요?

율리아: 저는 기차를 타고 갔어요. 기차가 좀 비싸지만 버스보다 편하고 빨라요.
        준코 씨도 기차를 타고 가 보세요.

준 코: 그래요? 그럼 저도 기차를 타고 가겠어요.

 준코 씨는 율리아 씨에게 왜 주말의 날씨를 물었습니까?

율리아 씨는 부산에 왜 기차를 타고 갔습니까?

어휘와 표현

아마	여행을 가다	괜찮다

1 그렇지만

왕밍 씨는 중국사람이에요. 그렇지만 한국말을 정말 잘해요.

가 : 한국 음식을 좋아하는군요.

나 : 네, 그렇지만 한국 요리는 못해요.

2 여행(을) 가다 / 여행(을) 하다

가 : 한국에서 어디로 여행을 가고 싶어요?

나 : 제주도로 여행을 가고 싶어요.

가 : 지은 씨는 어디를 여행했어요?

나 : 중국과 일본을 여행했어요.

😊 여행(을) 하다

3 괜찮다

가 : 몸이 어떻습니까? 괜찮습니까?

나 : 네, 아침에는 안 좋았지만 지금은 괜찮아요.

가 : 케이크를 더 드시겠어요?

나 : 아니요, 괜찮아요. 고맙습니다.

가 : 어제 바빠서 전화를 못 했어요. 미안해요.

나 : 괜찮아요.

271

문법

① A/V-(으)ㄹ까요?
A/V-(으)ㄹ 거예요
〈추측〉

	받침 O	-을까요?	먹다 → 먹을까요?
A/V	받침 X 받침 'ㄹ'	-ㄹ까요?	가다 → 갈까요? 살다 → 살까요?
	받침 O	-을 거예요	먹다 → 먹을 거예요
	받침 X 받침 'ㄹ'	-ㄹ 거예요	가다 → 갈 거예요 / 갈 겁니다 살다 → 살 거예요 / 살 겁니다

가 : 외국인들이 김치를 좋아할까요?

나 : 네, 좋아할 거예요.

가 : 내일 날씨가 어떨까요?

나 : 내일 날씨가 추울 거예요. 바람도 불 거예요.

가 : 어제 도서관에 사람이 많았을까요?

나 : 네, 다음 주에 시험이 있으니까 사람이 많았을 거예요.

연습 1 [보기]와 같이 대화를 만들어 봅시다.

> 가 : 내일 비가 올까요?
> 나 : 네, 비가 올 거예요.

(1) 가 : 이 책이 재미있을까요?

　　나 : (네) _____ .

(2) 가 : 저 티셔츠가 비쌀까요?

　　나 : (네) _____ .

(3) 가 : 선생님께서 댁에 계실까요?

　　나 : (아니요) _____ .

연습 2 [보기]와 같이 대화를 만들어 봅시다.

> **보기**
>
> 가 : (내일, 눈이 오다) 내일 눈이 올까요?
> 나 : (비가 오다) 아니요, 눈이 안 올 거예요. 비가 올 거예요.

(1) 가: (호앙 씨, 학교에 오다) _____?

　　나: (오다) _____.

(2) 가: (라이언 씨, 도서관에 있다) _____?

　　나: (운동장에 있다) _____.

(3) 가: (기말시험, 어렵다) _____?

　　나: (어렵지 않다) _____.

(4) 가: (김치찌개, 맵다) _____?

　　나: (맵다, 맛있다) _____.

❷ N보다 (더)

가 : 누가 키가 더 커요?

나 : 라이언 씨가 엥크 씨보다 키가 더 커요.

가 : 드라마가 재미있어요?　영화가 재미있어요?

나 : 영화가 드라마보다 더 재미있어요.

ⓒ 드라마보다 영화가 더 재미있어요.

　= 영화가 드라마보다 더 재미있어요.

연습 1 [보기]와 같이 질문에 대답해 봅시다.

가: 뭐가 더 어려워요?
나: (영어, 한국어) 한국어가 영어보다 더 어려워요.
　　　　　　　　　영어보다 한국어가 더 어려워요.

(1) 가 : 무슨 운동을 더 좋아해요?

　　나 : (테니스, 축구) _____ .

(2) 가 : 어디가 사람이 더 많아요?

　　나 : (명동, 수원역) _____ .

(3) 가 : 뭐가 더 매워요?

　　나 : (떡볶이, 김치) _____ .

(4) 가 : _____ ?

　　나 : _____ .

연습 2 [보기]와 같이 문장을 만들어 봅시다.

서울 : 제주도, 따뜻하다
☞ 제주도가 서울보다 더 따뜻해요.

(1) 사과 : 수박, 크다

☞ _____ .

(2) 말하기 : 듣기, 어렵다

☞ _____ .

(3) 평일 : 주말, 길이 복잡하다

☞ _____ .

③ '르' 불규칙 활용

'르' 불규칙				
빠르다 모르다 다르다 고르다 자르다 부르다	+	아/어	(-아요/어요) (-았어요/었어요) (-아서/어서)	→ ㄹㄹ	빨라요 몰라요 달라요 골라요 잘라요 불러요

가 : 뭐가 더 빨라요?

나 : 비행기가 기차보다 더 빨라요.

가 : 이 사람을 알아요?

나 : 아니요, 몰라요.

연습 1   활용 연습을 해 봅시다.

	-ㅂ/습니다	-아/어요	-(으)니까	-아/어서	-(으)ㄹ 거예요
빠르다					빠를 거예요
모르다					
다르다	다릅니다				
부르다				불러서	
고르다	고릅니다				
자르다			자르니까		
바르다					

연습 2 [보기]와 같이 알맞게 써 봅시다.

> **보기**
>
> 가 : 비행기가 기차보다 더 빨라요? (-아요/어요)
>
> 나 : 네, 빠르지만 더 비싸요. (빠르다)

(1) 누가 노래를 (부르다) _____ ? (-아요/어요)

(2) 종이를 (자르다) _____ (-아서/어서) 만들었어요.

(3) 저 사람을 (모르다) _____ (-아요/어요).

_____ 는 사람이에요.

 듣기

 새 단어 동해 서해 천천히 구경(을) 하다 아르바이트를 하다

문제 1 다음 중 맞는 것을 고르십시오. (   )

① 왕밍 씨는 주말에 아르바이트를 해요.

② 서해는 동해보다 깨끗하지 않지만 가까워요.

③ 준코 씨는 정우 씨에게 전화하지 않을 거예요.

④ 준코 씨와 라이언 씨는 주말에 바다로 여행을 갔어요.

문제 2 여행을 가서 무엇을 할 겁니까?

_____

_____

276

 읽기

※ 다음을 읽고 질문에 답하십시오.

 제 이름은 준코입니다. 저는 여행을 좋아해서 지난 주말에 춘천에 갔습니다.

친구들과 다 같이 가고 싶었지만 왕밍 씨는 한국어 시험이 있어서 같이 여행을 갈 수 없었습니다. 정우 씨는 회사에 일이 많아서 같이 못 갔습니다. 그래서 저는 지영 씨와 같이 남이섬에 갔습니다.

우리는 기차를 타고 갔습니다. 기차 안에서 지영 씨와 같이 재미있는 이야기도 하고 맛있는 간식도 먹었습니다.

우리는 먼저 남이섬에 갔습니다. 남이섬은 강도 예쁘고 하늘도 예뻤습니다. 남이섬은 사람들이 정말 많았습니다. 닭갈비는 춘천에서 유명한 음식이니까 우리는 점심에 닭갈비를 먹었습니다. 좀 맵지만 맛있었습니다. 우리는 저녁에 기차를 타고 집으로 왔습니다. 재미있는 여행이었습니다.

춘천 / 남이섬 / 간식 / 강 / 닭갈비 / 유명하다 / 하늘

문제 1 위 글의 내용과 같은 것을 고르십시오. (　　)

① 춘천은 닭갈비가 유명합니다.

② 남이섬은 바다가 참 예쁩니다.

③ 준코 씨는 친구들과 여행을 갔습니다.

④ 준코 씨는 저녁을 먹고 집에 왔습니다.

문제 2 기차에서 무엇을 했습니까?

 **말하기**

※ 방학에 어디로 여행을 가고 싶어요? 친구와 같이 이야기해 봅시다.

질문	나	친구
어디로 여행을 가고 싶어요?		
누구와 같이 가고 싶어요?		
무엇을 타고 갈까요?		
무엇을 먹고 싶어요?		
무엇을 하고 싶어요? 왜요?		

 **쓰기**

※ 여러분의 여행 계획을 써 봅시다.

여행 계획

memo

21

LESSON

감기에 걸렸어요

학습 목표   증상 설명하기
의무 표현 말하기

문 법   1. V-아야/어야/해야 되다[하다]
2. V-지 마세요
3. N부터 N까지

여러분은 어디가 아파서 병원에 갔습니까?

한국에서 많이 아프면 어떻게 합니까?

본문

호앙 씨는 목이 아파서 약국에 갔습니다.

약 사: 어서 오세요. 어떻게 오셨습니까?

호 앙: 콧물이 나고 목이 아파서 왔어요.

약 사: 기침도 해요?

호 앙: 네, 기침도 해요.

약 사: 언제부터 아프셨어요?

호 앙: 어제 아침부터 아팠어요.

약 사: 감기에 걸렸군요. 요즘 잠은 잘 자요?

호 앙: 아니요, 요즘 시험이 있어서 잠도 잘 못 잤어요. 어떻게 해야 돼요?

약 사: 식사를 하고 이 약을 드세요.
　　　술과 커피를 드시지 마세요. 따뜻한 물을 많이 드셔야 돼요.

호 앙: 네, 알겠습니다.

> 호앙 씨는 어디가 아픕니까?

> 호앙 씨는 어떻게 해야 합니까?

어휘와 표현

잠(을) 자다	식사(를) 하다	약
따뜻하다		

1 몸(신체)

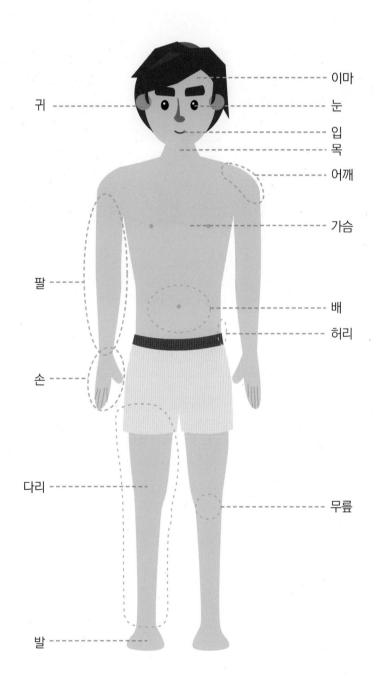

이마
눈
입
목
어깨
가슴
배
허리
무릎

귀
팔
손
다리
발

283

❷ 증상

가 : 어디가 아프세요?

나 : 감기에 걸렸어요. 열이 나고 목도 아파요.

열이 나다	기침(을) 하다	콧물(이) 나다	감기에 걸리다	몸살(이) 나다
체하다	배탈(이) 나다	토하다	다치다	피(가) 나다
부러지다	(피부가) 가렵다	눈물이 나다	눈이 충혈되다	N이/가 아프다

③ 병원

| 내과 | 외과 | 안과 | 치과 | 피부과 |

④ 치료

| 약을 먹다 | 약을 바르다 | (눈에) 약을 넣다 | 반창고를 붙이다 | 깁스를 하다 |

⑤ 어떻게 오셨습니까?

가 : 어떻게 오셨습니까?

나 : 머리가 아파서 왔습니다.

가 : 어떻게 오셨어요?

나 : 최 선생님을 만나러 왔어요.

문법

1 V-아야/어야 되다[하다]

V	ㅏ,ㅗ O	-아야 되다[하다]	가다 → 가야 되다[하다]
	ㅏ,ㅗ X	-어야 되다[하다]	먹다 → 먹어야 되다[하다]
	하다	-해야 되다[하다]	공부하다 → 공부해야 되다[하다]

가 : 오늘 같이 저녁 식사를 할까요?

나 : 미안해요. 내일 시험이 있어서 오늘은 공부해야 돼요.

가 : 어디에서 내려야 해요?

나 : 수원역에서 내려야 해요.

연습 1 [보기]와 같이 질문에 대답해 봅시다.

> 보기
>
> 가 : 오후에 무엇을 해야 돼요?
>
> 나 : (숙제) 숙제를 해야 돼요.

(1) 가 : 오늘 누구를 만나야 돼요?

　　나 : (최 선생님) _____ .

(2) 가 : 저녁에 어디에 가야 돼요?

　　나 : (시장) _____ .

(3) 가 : 서울역에 어떻게 가야 해요?

　　나 : (지하철 1호선) _____ .

연습 2 그림을 보고 [보기]와 같이 문장을 만들어 봅시다.

보기

방이 더러워요.
☞ 방을 청소해야 해요.

(1)

오늘은 좀 피곤해요.

☞ _____ .

(2)

친구를 집에 초대했어요.

☞ _____ .

(3)

배가 아파요.

☞ _____ .

2 V-지 마세요

V	받침 O	-지 마세요	먹다 → 먹지 마세요
	받침 X		가다 → 가지 마세요

가 : 여기에서 담배를 피울 수 있어요?

나 : 아니요, 여기에서는 담배를 피우지 마세요. 밖에서 피우세요.

가 : 오늘 집에 일찍 와요?

나 : 아니요, 오늘 늦을 거예요. 기다리지 마세요.

연습 1 [보기]와 같이 문형 연습을 해 봅시다.

보기

교실, 담배를 피우다
☞ 교실에서는 담배를 피우지 마세요.

(1) 밤, 음식을 먹다 ☞ _____ .

(2) 극장, 전화를 받다 ☞ _____ .

(3) 수업 시간, 잠을 자다 ☞ _____ .

연습 2 [보기]와 같이 대화를 완성해 봅시다.

보기

가 : 배탈이 났어요.
나 : 음식을 먹지 마세요.

(1) 가 : 머리가 아파요.

　　나 : _____ .

(2) 가 : 저 식당은 너무 비싸요.

　　나 : _____ .

(3) 가 : 버스가 안 와요.

　　나 : _____ .

(4) 가 : 다음 주에 시험이 있어요.

　　나 : _____ .

③ N부터 N까지

가 : 몇 시부터 몇 시까지 한국어를 배워요?

나 : 아홉 시부터 한 시까지 배워요.

가 : 방학이 언제예요?

나 : 5월 18일부터 6월 9일까지 방학이에요.

연습 1 그림을 보고 [보기]와 같이 문장을 써 봅시다.

오전 8시	
9시	
10시	한국어 공부
11시	
오후 12시	
1시	(1) 엥크 씨와 점심
2시	(2) 라이언 씨와 테니스
3시	(3) 숙제
4시	
5시	(4) 영화
6시	
7시	

[보기] 저는 아홉 시부터 한 시까지 한국어를 공부해요.

(1) _____ .

(2) _____ .

(3) _____ .

(4) _____ .

듣기

새 단어   어지럽다 주사를 맞다

문제 1 다음을 잘 듣고 맞는 것을 연결하십시오.

(1) 라이언 •　　　　　• 피부 •　　　　　• 어지럽다

(2) 율리아 •　　　　　• 배 •　　　　　• 열이 나다

(3) 엥크 •　　　　　• 머리 •　　　　　• 가렵다

(4) 준코 •　　　　　• 감기 •　　　　　• 배탈이 나다

문제 2 다음을 잘 듣고 맞으면 O, 틀리면 X 하세요.

(1) 남자는 감기에 걸렸습니다. ⓞⓧ

(2) 남자는 내일도 병원에 와야 합니다. ⓞⓧ

(3) 남자는 목이 아프지만 콧물은 나지 않습니다. ⓞⓧ

 읽기

※ 다음을 읽고 질문에 답하십시오.

오늘 아침에 왕밍 씨를 만났습니다. 왕밍 씨는 지난주부터 감기에 걸려서 머리도 아프고 콧물도 나고 목도 아팠습니다. 그래서 저는 왕밍 씨에게 유자차를 선물했습니다. 겨울에는 감기에 많이 걸리니까 따뜻한 차를 많이 마셔야 합니다.

왕밍 씨는 주말에 병원에 가서 주사도 맞고 약도 먹어서 지금은 괜찮습니다. 왕밍 씨는 저에게 선물을 받았으니까 점심을 사고 싶어 했습니다. 하지만 저는 오늘 약속이 있어서 다음 주에 같이 점심을 먹을 겁니다.

유자차 / 약속이 있다

문제 1 왕밍 씨에게 무엇을 주었습니까?

문제 2 내용과 <u>다른</u> 것을 고르십시오. (   )

① 저는 콧물도 나고 머리도 아픕니다.

② 왕밍 씨는 병원에 가서 주사를 맞았습니다.

③ 왕밍 씨는 저에게 점심을 사고 싶어 합니다.

④ 저와 왕밍 씨는 다음 주에 점심을 먹을 겁니다.

말하기

※ [보기]와 같이 친구와 함께 이야기해 봅시다.

 보기

가 : 감기에 걸렸어요.

나 : 잠을 많이 자야 해요. 밖에서 운동하지 마세요.

질문	나	친구
목이 아파요.		
부모님이 보고 싶어요.		
한국어를 잘하고 싶어요.		
밤에 잠을 못 자요.		

 쓰기

※ [보기]와 같이 규칙을 만들어 봅시다.

 보기

교실

교실에서는 열심히 공부해야 돼요.

교실에서는 담배를 피우지 마세요.

memo

22.

LESSON

이 토마토가
제일 싱싱해요

학습 목표　물건 비교하여 고르기

문　법　1. 제일/가장
　　　　　2. N(이)나 〈선택〉
　　　　　3. V-은/ㄴ N
　　　　　4. V-을/ㄹ N

여러분은 무슨 한국 음식이 가장 맛있습니까?

여러분은 어떤 사람을 좋아합니까?

본문

율리아 씨와 왕밍 씨는 경기 마트에 갔습니다.

율리아 : 왕밍 씨, 오늘 저녁은 제가 하겠어요.

왕　밍 : 좋아요.

율리아 : 왕밍 씨는 어떤 음식을 좋아해요?

왕　밍 : 저는 다 잘 먹어요. 그럼 오늘은 김밥이나 스파게티를 먹을까요?
　　　　지난주에 지영 씨 생일 파티에서 먹은 음식이 다 맛있었지만, 김밥과
　　　　스파게티가 제일 맛있었어요.

율리아 : 그럼 오늘 저녁에 제가 할 요리는 스파게티예요.
　　　　먼저 토마토와 양파를 삽시다.

왕　밍 : 율리아 씨, 이 토마토 좀 보세요. 여기 이 토마토가 제일 싱싱해요.

율리아 : 그래요? 그럼 그 토마토를 삽시다.

 왕밍 씨가 지영 씨 생일 파티에서 먹은 음식은 무엇입니까?

율리아 씨가 오늘 할 요리는 무엇입니까?

어휘와 표현

저녁을 하다	제일/가장	먼저
토마토	양파	싱싱하다

1 저녁(을) 하다

가 : 오늘은 누가 저녁을 해요?

나 : 오늘은 제가 저녁을 할 거예요. 먹고 싶은 음식이 있어요?

가 : 아침 먹었어요?

나 : 아니요, 아침을 할 시간이 없어서 못 먹었어요.

2 먼저

가 : 뭘 먼저 해야 해요?

나 : 청소를 먼저 해야 돼요.

가 : 죄송합니다. 일이 있어서 저 먼저 가겠습니다.

나 : 괜찮아요. 안녕히 가세요.

3 어떤

가 : 어떤 음식을 좋아해요?

나 : 저는 매운 음식을 좋아해요.

가 : 어떤 영화를 봤어요?

나 : 기분이 안 좋아서 코미디 영화를 봤어요.

연습 1 [보기]와 같이 질문에 대답해 봅시다.

> 보기
>
> 가 : 어떤 영화를 좋아해요?
> 나 : (슬프다) 슬픈 영화를 좋아해요.

(1) 가 : 어떤 남자를 좋아해요?

　　나 : (노래를 잘하다) _____ .

(2) 가 : 어떤 날씨를 좋아해요?

　　나 : (눈이 오다) _____ .

(3) 가 : 어떤 책을 살 거예요?

　　나 : (읽기가 쉽다) _____ .

(4) 가 : _____ ?

　　나 : _____ .

연습 2 [보기]와 같이 질문을 만들어 봅시다.

> 보기
>
> 가 : 어떤 영화를 좋아해요?　　　가 : 무슨 영화를 좋아해요?
> 나 : 슬픈 영화를 좋아해요.　　　나 : '007'을 좋아해요.

(1) 가 : _____ ?

　　나 : 장미꽃을 좋아해요.

(2) 가 : _____ ?

　　나 : 어렵지만 재미있는 책을 읽고 싶어요.

(3) 가 : _____ ?

　　나 : 떡볶이와 김밥을 먹읍시다.

문법

1 제일/가장

가 : 무슨 과일을 제일 좋아해요?

나 : 저는 과일을 다 좋아하지만, 딸기를 제일 좋아해요.

가 : 지금 가장 하고 싶은 일이 뭐예요?

나 : 맛있는 음식을 먹고 싶어요.

연습 1 [보기]와 같이 질문에 대답해 봅시다.

> 보기
>
> 가 : 무슨 음식이 가장 맛있어요?
>
> 나 : 갈비탕이 가장 맛있어요.

(1) 가 : 무슨 운동이 제일 좋아요?

　　나 : _____.

(2) 가 : 무슨 계절을 제일 좋아해요?

　　나 : _____.

(3) 가 : 가장 가고 싶은 곳이 어디예요?

　　나 : _____.

2 N(이)나 〈선택〉

가 : 점심에 비빔밥이나 갈비탕을 먹을까요?

나 : 네, 좋아요. 모두 제가 좋아하는 음식이에요.

가 : 무슨 운동을 배우고 싶어요?

나 : 저는 스키나 스케이트를 배우고 싶어요.

연습 1 [보기]와 같이 질문에 대답해 봅시다.

보기

가 : 무슨 영화를 볼까요?

나 : (부산행, 해운대) 부산행이나 해운대를 봅시다.

(1) 가 : 뭘 드시겠어요?

나 : (커피, 딸기 주스) _____ .

(2) 가 : 언제 만날까요?

나 : (토요일, 일요일) _____ .

(3) 가 : 주말에 어디에 가고 싶어요?

나 : (산, 바다) _____ .

연습 2 [보기]와 같이 질문에 대답해 봅시다.

보기

가 : 내일 몇 시에 만날까요?

나 : 1시나 2시에 만납시다.

(1) 가 : 보통 주말에 어디에 가요?

나 : _____ .

(2) 가 : 어느 나라로 여행을 가고 싶어요?

나 : _____ .

(3) 가 : 보통 누구와 함께 영화를 봐요?

나 : _____ .

(4) 가 : _____ ?

나 : _____ .

3 V-은/ㄴ N
V-을/ㄹ N

과거	받침 O	V-은 N	읽다 → 어제 읽은 책
	받침 X 받침 'ㄹ'	V-ㄴ N	보다 → 어제 본 영화 만들다 → 어제 친구가 만든 케이크
현재	받침 O		읽다 → 지금 읽는 책
	받침 X 받침 'ㄹ'	V-는 N	보다 → 지금 보는 영화 만들다 → 지금 친구가 만드는 케이크
미래	받침 O	V-을 N	읽다 → 내일 읽을 책
	받침 X 받침 'ㄹ'	V-ㄹ N	보다 → 내일 볼 영화 만들다 → 내일 친구가 만들 케이크

지난주에 들은 노래가 좋았어요.

어제 본 영화가 재미있었어요.

저녁에 할 요리는 스파게티예요.

연습 1 [보기]와 같이 문형 연습을 해 봅시다.

> **보기**
>
> 먹다 ☞ 지금 (먹는) 음식은 불고기입니다.
> 어제 (먹은) 음식은 비빔밥입니다.
> 내일 (먹을) 음식은 피자입니다.

(1) 읽다   ☞   지금 (　　　) 책은 한국어 책입니다.

                 어제 (　　　) 책은 중국어 책입니다.

                 내일 (　　　) 책은 영어 책입니다.

(2) 만나다   ☞   지금 (　　　) 사람은 제 한국 친구입니다.

                 어제 (　　　) 사람은 여자 친구입니다.

                 내일 (　　　) 사람은 선생님입니다.

(3) 공부하다 ☞   지금 (　　　) 책은 한국어 1입니다.

                 어제 (　　　) 책은 영어 책입니다.

                 내일 (　　　) 책은 한국어 2입니다.

연습 2 [보기]와 같이 문장을 만들어 봅시다.

> 오늘 저녁에 맛있는 음식을 먹을 거예요. 그 음식은 불고기예요.
> ☞ 오늘 저녁에 먹을 음식은 불고기예요.

(1) 아침에 차를 마셨어요. 그 차는 녹차예요.

☞ _____

(2) 다음 주부터 운동을 배우겠어요. 그 운동은 수영이에요.

☞ _____

(3) 저녁에 요리를 할 거예요. 그 요리는 스파게티예요.

☞ _____

(4) 오늘 저녁에 친구를 만날 거예요. 그 친구의 이름은 라이언 씨예요.

☞ _____

듣기

세일 / 채소 / 액션 영화 / 코미디 영화

문제 1 다음을 잘 듣고 질문에 대답해 봅시다.

(1) 맞으면 O, 틀리면 X 하십시오.

① 오늘과 내일, 세일을 합니다. ⓞ ⓧ

② 5시부터 과일이나 채소를 사고 선물을 받을 수 있습니다. ⓞ ⓧ

③ 7시부터는 과일이나 채소를 사고 한 개 더 받을 수 있습니다. ⓞ ⓧ

(2) 여기는 어디입니까?

문제 2 다음을 잘 듣고 질문에 대답해 봅시다.

(1) 두 사람이 볼 영화는 어떤 영화입니까?

_____

(2) 두 사람은 몇 시에 영화를 볼 겁니까?

_____

읽기

※ 다음을 읽고 맞으면 O, 틀리면 X 하십시오.

우리 반에서 제가 가장 좋아하는 사람은 왕밍 씨입니다. 지난주에 같이 영화를 본 사람도 왕밍 씨입니다. 우리는 지난주에 같이 저녁을 먹었습니다. 우리가 지난주에 먹은 피자도 맛있었고, 피자 가게에서 들은 음악도 아주 좋았습니다. 이번 주말에도 같이 저녁을 먹을 겁니다. 이번 주말에 먹을 음식은 갈비입니다. 그리고 어제 산 선물을 왕밍 씨에게 줄 겁니다. 제가 줄 선물은 책입니다. 또 우리는 다음 주부터 같이 운동을 할 겁니다. 우리가 할 운동은 수영입니다.

(1) 지난주에 왕밍 씨와 같이 영화를 봤습니다. ⭕❌

(2) 이번 주말에 피자를 먹을 겁니다. ⭕❌

(3) 어제 왕밍 씨에게 준 선물은 책입니다. ⭕❌

(4) 다음 주부터 왕밍 씨와 같이 운동을 할 겁니다. ⭕❌

(5) 왕밍 씨와 같이 한 운동은 수영입니다. ⭕❌

말하기

※ 친구들에게 질문하고 [보기]와 같이 이야기하십시오.

 보기

어제 도서관에 간 사람은 호앙 씨예요.
주말에 비빔밥을 먹을 사람은 호앙 씨예요.

이름	어제 한 일	주말에 할 일
예) 호앙	도서관에 갔어요.	비빔밥을 먹을 거예요.

※ 친구와 같이 이야기해 봅시다.

	나	친구 :	친구 :
제일 좋아하는 음식			
가장 잘 부르는 노래			
지금 보고 싶은 사람			
요즘에 읽은 책			
주말에 해야 할 일			

쓰기

※ 여러분은 어떤 남자/여자를 좋아합니까? 자신의 이상형을 써 봅시다.

23

LESSON

텔레비전을 보면서 밥을 먹고 있어요

학습 목표 동시동작, 진행 표현하기

문 법
1. V-고 있다
2. V-(으)면서
3. A/V-(으)니까요

이 사람들은 지금 무엇을 합니까?

여러분은 보통 무엇을 함께 합니까?

본문

정우: 여보세요?

호앙: 정우 씨, 저 호앙이에요. 잘 지냈어요?

정우: 네, 호앙 씨 오래간만이에요. 요즘 어떻게 지내요?

호앙: 저는 학교에 다니면서 아르바이트를 하고 있어요.
　　　정우 씨는 지금 뭐 하고 있었어요?

정우: 텔레비전을 보면서 밥을 먹고 있었어요.

호앙: 그래요? 그러면 나중에 전화해요.
　　　정우 씨가 식사하고 있으니까요.

정우: 네, 밥을 다 먹고 제가 전화하겠어요.

정우 씨는 지금 무엇을 하고 있습니까?

호앙 씨는 요즘 무엇을 하고 있습니까?

어휘와 표현

여보세요	오래간만이다	지내다	아르바이트
나중에	식사		

1 여보세요

여보세요?

여보세요, 거기 최 선생님 댁입니까?

여보세요, 경기 식당입니다.

2 전화(를) 하다 / 받다

제가 다시 전화하겠습니다.

그 사람이 전화를 할 거예요.

좀 전에 전화를 받은 사람이 누구예요?

 **문법**

1 **V-고 있다/있었다**

V	받침 O	-고 있다[있었다]	먹다 → 먹고 있다[있었다]
	받침 X		가다 → 가고 있다[있었다]

가: 호앙 씨는 지금 무엇을 해요?

나: 편의점 앞에서 아이스크림을 먹고 있어요.

가: 어제 저녁에 뭐 하고 있었어요?

나: 부모님께 편지를 쓰고 있었어요.

선생님께서 한국어를 가르치고 계세요.

할머니께서 주무시고 계세요.

연습 1 [보기]와 같이 문형 연습을 해 봅시다.

밥을 먹고 있어요.

(1) 편지를 _____.

(2) 사진을 _____.

(3) 책을 _____.

(4) 전화를 _____.

(5) 주스를 _____.

(6) 친구를 _____.

(7) 잠을 _____.

2 V-(으)면서

V	받침 O	-으면서	먹다	→	먹으면서
	받침 X	-면서	가다	→	가면서
	받침 'ㄹ'		만들다	→	만들면서

가: 저녁에 무엇을 합니까?

나: 음악을 들으면서 숙제를 합니다.

가: 요즘 무엇을 합니까?

나: 학교에 다니면서 아르바이트를 하고 있습니다.

연습 1 [보기]와 같이 문형 연습을 해 봅시다.

보기

맥주를 마시면서 텔레비전을 보고 있어요.

(1) 피아노 치다 / 노래를 부르다

☞ _____ .

(2) 음악을 듣다 / 공부하다

☞ _____ .

(3) 책을 읽다 / 커피를 마시다

☞ _____ .

(4) 이야기하다 / 밥을 먹다

☞ _____ .

(5) 일하다 / 공부하다

☞ _____ .

3 A/V-(으)니까요

A/V	받침 O	-으니까요	먹다 → 먹으니까요
	받침 X	-니까요	크다 → 크니까요
	받침 'ㄹ'		놀다 → 노니까요

가 : 왜 도서관에서 공부해요?

나 : 조용하고 책이 많으니까요.

가 : 점심에 뭘 먹을까요?

나 : 라면을 먹읍시다. 시간이 없으니까요.

연습 1 [보기]와 같이 대화를 만들어 봅시다.

> **보기**
>
> 가 : 수업이 끝나고 무엇을 할까요?
>
> 나 : (공부하다) 공부를 합시다.
>
> 가 : 왜요?
>
> 나 : (시험이 있다) 다음 주에 시험이 있으니까요.

(1) 가 : 서울에 어떻게 갈까요?

　　나 : (지하철) _____ .

　　가 : 왜요?

　　나 : (빠르다) _____ .

(2) 가 : 어디에서 점심을 먹을까요?

　　나 : (학생식당에서 먹다) _____ .

　　가 : 왜요?

　　나 : (가깝다) _____ .

(3) 가 : 주말에 뭘 할까요?

　　나 : (명동에 가다) _____ .

　　가 : 왜요?

　　나 : (쇼핑을 하고 싶다) _____ .

 듣기

 유학생 / 체육관 / 마지막 / 무료

문제 1 다음을 잘 듣고 빈 칸에 알맞은 이름을 쓰십시오.

① (　　　　　　) ② (　　　　　　　) ③ (　　　　　　)

④ (　　　　　　) ⑤ (　　　　　　　) ⑥ (　　　　　　)

문제 2 다음을 잘 듣고 맞으면 O, 틀리면 X 하십시오.

(1) 파티는 대학교 체육관에서 합니다. Ⓞ Ⓧ

(2) 요리를 만들어서 먹는 파티입니다. Ⓞ Ⓧ

(3) 파티에 오는 사람은 돈을 내야 합니다. Ⓞ Ⓧ

(4) 노래를 할 수 있고 춤도 출 수 있습니다. Ⓞ Ⓧ

 **읽기**

※ 다음을 읽고 질문에 답하십시오.

지　영 : 라이언 씨, 뭘 보고 있어요?

라이언 : 여행 사진을 보고 있었어요.

지　영 : 아, 부산에 여행 가서 찍었어요? 누가 라이언 씨 여자 친구예요?

라이언 : 이 사람이에요. 제 옆에서 커피를 마시면서 웃고 있는 사람이에요.

지　영 : 여자 친구가 예뻐요. 옆에 모자를 쓰고 있는 사람은 누구예요?

라이언 : 여자 친구의 오빠예요.

지　영 : 멋있군요. 그런데 이 분은 여자 친구가 있어요?

라이언 : 작년에 결혼했어요. 옆에 앉은 여자 분이 아내예요.

지　영 : 그래요? 여자 친구가 아니고 아내군요.

웃다 / 모자 / 아내

문제 1　라이언 씨는 지금 무엇을 하고 있습니까?

문제 2　라이언 씨의 여자 친구는 누구입니까?

문제 3　모자를 쓰고 있는 사람은 누구입니까?

쓰기 & 말하기

※ 다음을 보고 친구와 같이 쓰고 이야기하십시오.

여보세요?	제가 N입니다.	누구세요?	잘 지냈어요?
오래간만이에요.	요즘 어떻게 지내요?	나중에	제가 다시 전화하겠습니다.

V-고 있다	V-(으)면서	A/V-(으)니까요

가:

나:

가:

나:

가:

나:

이번 주 토요일은 밸런타인데이예요. 남자는 작년부터 여자를 혼자 좋아했지만 여자에게 말을 못했어요. 주말에 남자는 여자에게 초콜릿을 주면서 말하고 싶어 해요. 그래서 남자가 여자에게 전화했어요. 이 남자는 주말에 여자를 만날 수 있을까요?

가:

나:

가:

나:

가:

나:

오늘 남자는 같은 반 친구에게 전화를 했어요. 내일 아침에 광교산으로 등산을 갈 거예요. 그래서 시간과 장소를 이야기하고 있었어요. 하지만 전화를 받은 여자는 친구의 동생이었어요. 친구는 밤에 와요. 그래서 남자가 다시 전화할 거예요.

24

LESSON

할머니께서는 재미있는 이야기를 많이 아십니다

학습 목표   대조해서 이야기하기

문 법   1. S-은데/ㄴ데/는데 S
              N-인데
            2. N 전에[후에]
            3. 'ㄹ' 탈락

여러분은 고향에서 할머니, 할아버지와 같이 삽니까?

할머니, 할아버지께서 재미있는 이야기를 자주 하십니까?

본문

제가 제일 좋아하는 사람은 우리 할머니입니다. 할머니께서는 할아버지와 함께 사셨는데 할아버지께서 5년 전에 돌아가시고 지금은 우리 가족과 함께 사십니다. 날씨가 좋은 날에 할머니께서는 노인정에 친구를 만나러 가십니다.

우리 할머니께서는 재미있는 이야기를 많이 아십니다. 그래서 항상 저에게 재미있는 이야기를 많이 하십니다. 할머니께서는 요리도 잘하십니다. 그래서 동생과 저에게 줄 맛있는 음식을 자주 만드십니다. 할머니께서 계셔서 우리 가족은 아주 행복합니다. 앞으로도 계속 할머니와 함께 살고 싶습니다.

할머니께서는 지금 누구와 함께 사십니까?

할머니께서는 왜 노인정에 가십니까?

어휘와 표현

그래서	행복하다	노인정
앞으로	계속	

1 그래서

가: 왜 어제 학교에 안 왔어요?

나: 감기에 걸렸어요. 그래서 못 왔어요.

(감기에 걸려서 못 왔어요.)

가: 공부를 열심히 했어요.

나: 그래서 시험을 잘 봤군요.

(공부를 열심히 해서 시험을 잘 봤군요.)

2 행복하다 〈형용사〉

| 행복하다 | 건강하다 | 친절하다 |

 문법

1 A-은/ㄴ데 / V-는데 / N인데 〈대조〉

A		V		N	
A(현재)	A-은데/ A-ㄴ데	V(현재)	V-는데	N(현재)	N인데
작다	작은데	먹다	먹는데	학생	학생인데
크다	큰데	보다	보는데	의사	의사인데
A(과거) →	A-았/ 었는데	V(과거) →	V-았/ 었는데	N(과거) →	N이었/ 였는데
작다	작았는데	보다	봤는데	학생	학생이 었는데
크다	컸는데	먹다	먹었는데	의사	의사 였는데

형은 키가 작은데 저는 커요.

친구는 책을 읽는데 저는 영화를 봐요.

저는 한국에 사는데 가족들은 고향에 살아요.

저는 학생인데 친구는 선생님이에요.

연습 1 활용 연습을 해 봅시다.

		A-은/ㄴ데/V-는데	A/V-았/었는데
A	많다	많은데	
	따뜻하다		
	쉽다		
V	보다		
	듣다		
	가다		갔는데
	공부하다	공부하는데	
	먹다		
	읽다		읽었는데

연습 2 [보기]와 같이 두 문장을 한 문장으로 만들어 봅시다.

> **보기**
>
> 어제는 날씨가 나빴어요 + 오늘은 날씨가 좋아요
> ☞ 어제는 날씨가 나빴는데 오늘은 좋아요.

(1) 저는 영어 선생님이에요. + 친구는 한국어 선생님이에요.

☞ _____ .

(2) 어제는 사과를 샀어요. + 오늘은 귤을 샀어요.

☞ _____ .

(3) 저는 놀아요. + 친구는 공부해요.

☞ _____ .

(4) 김치찌개는 매워요 + 불고기는 안 매워요.

☞ _____ .

(5) 호앙 씨 가방은 무거워요. + 준코 씨 가방은 가벼워요.

☞ _____ .

(6) 준코 씨는 머리가 길어요. + 라이언 씨는 머리가 짧아요.

☞ _____ .

(7) 지영 씨는 한국 음악을 들어요. + 왕밍 씨는 중국 음악을 들어요.

☞ _____ .

(8) 호앙 씨 집은 학교에서 멀어요. + 엥크 씨 집은 학교에서 가까워요.

☞ _____ .

② N 전에 [후에]

가 : 언제 점심을 먹었어요?

나 : 조금 전에 먹었어요.

가 : 졸업 후에 무엇을 할 거예요?

나 : 회사에 다닐 거예요.

연습 1 [보기]와 같이 대화를 완성해 봅시다.

> **보기**
>
> 가 : 언제 학교에 왔어요?
>
> 나 : (20분 전) 20분 전에 왔어요.

(1) 가 : 언제 한국에 왔어요?

　　나 : (두 달 전) _____ .

(2) 가 : 언제 부모님께 전화했어요?

　　나 : (며칠 전) _____ .

(3) 가 : 저 기차는 언제 출발해요?

　　나 : (5분 후) _____ .

(4) 가 : 영화가 언제 끝나요?

　　나 : (1시간 30분 후) _____ .

3 'ㄹ' 탈락

그 사람은 제가 아는 사람이에요.

지영 씨가 만든 김치찌개가 맛있어요.

가: 집에서 학교가 멉니까?

나: 네, 아주 멉니다.

가: 창문을 닫을까요?

나: 아니요, 창문을 엽시다.

연습 1 활용 연습을 해 봅시다.

	-습니다/ㅂ니다	-(으)세요	-아/어서	-지만	-니까
만들다			만들어서		
살다	삽니다				
놀다					노니까
알다			알아서		
길다				길지만	
멀다					

연습 2 [보기]와 같이 맞는 것에 ○ 하십시오.

> **보기**
>
> 저는 기숙사에 삽니다. (○) / 살습니다. ( )

(1) 친구는 한국음식을 잘 만듭니다. ( ) / 만들습니다. ( )

(2) 친구와 놀니까 ( ) / 노니까 ( ) 재미있어요?

(3) 우리 집은 여기에서 멀어요. ( ) / 머어요. ( )

(4) 이 사람을 아세요? ( ) / 알세요? ( )

연습 3 [보기]와 같이 활용 연습을 해 봅시다.

> 가 : 어디에서 (살)아요?
>
> 나 : 지금 기숙사에서 (살)고 있어요.

| 만들다 | 멀다 | 놀다 | 알다 |

(1) 가 : 이 음식 호앙 씨가 (   )었어요?

    나 : 아니요, 지은 씨가 (   )어서 저에게 줬어요.

(2) 가 : 이 문법을 모르겠어요.

    나 : 라이언 씨가 잘 (   )니까 라이언 씨에게 물어 보세요.

(3) 가 : 집이 여기에서 (   )니까?

    나 : 아니요, (   )지 않아요.

(4) 가 : 보통 여자 친구와 뭐 하고 (   )아요?

    나 : 영화도 보고 밥도 먹어요.

  예전 (콘택트) 렌즈 미인

문제 1 다음을 잘 듣고 맞으면 O, 틀리면 X 하십시오.

(1) 호앙 씨의 친구는 지금 날씬하고 예쁩니다. ⊙ ⊗

(2) 호앙 씨는 어제 고등학교 친구를 만났습니다. ⊙ ⊗

(3) 호앙 씨의 친구는 고등학교 때 날씬했습니다. ⊙ ⊗

(4) 호앙 씨의 친구는 고등학교 때 안경을 썼습니다. ⊙ ⊗

 읽기

※ 다음을 읽고 질문에 대답해 봅시다.

어제는 지영 씨 어머니의 생신이었습니다. 저는 초대를 받고 지영 씨의 집에 갔습니다. 지영 씨의 부모님께서는 아주 친절하셨습니다. 저는 지영 씨 어머니께 생신 선물을 드렸습니다. 우리는 함께 식사를 하고 이야기를 했습니다.

지영 씨 아버지께서는 키가 크시고 이야기를 많이 하셨는데 어머니께서는 키가 좀 작으시고 조용하셨습니다. 지영 씨는 오빠와 남동생도 있습니다. 오빠는 혼자서 책 읽기를 좋아하는데 남동생은 운동을 좋아합니다.

저는 지영 씨 어머니께서 만들어 주신 맛있는 한국음식을 함께 먹었습니다. 저는 한국음식을 좋아하는데 매운 음식은 잘 못 먹습니다. 그래서 지영 씨 어머니께서는 안 매운 음식을 만드셨습니다. 정말 재미있는 시간이었습니다.

초대(를) 받다 / 조용하다

문제 1 위의 내용과 같으면 O, 틀리면 X 하십시오.

(1) 지영 씨의 아버지께서는 키가 크시고 조용하십니다. ⊙ ⊗

(2) 지영 씨의 동생은 운동하기를 좋아합니다. ⊙ ⊗

(3) 저는 매운 음식을 잘 먹는데 음식은 맵지 않았습니다. ⊙ ⊗

 쓰기

※ 다음 문법을 사용해서 우리 반에서 가장 친한 친구에 대해서 써 봅시다.

> S-은데/ㄴ데/는데, N인데, V-는 N, A-은/ㄴ N
>
> -N을/를 좋아하다[싫어하다], N을/를 잘하다[잘 못하다]

memo

25

LESSON

한국 돈으로 환전하려고 해요

학습 목표　은행 업무 보기

문　법　1. V-(으)려고 하다
　　　　　2. V-아/어 주다

여기는 어디입니까?

여기에서 무엇을 합니까?

본문

통화	사실 때	파실 때
미국 USD	1,156.38	1,116.62
일본 JPY	1 3	997.69
중국 CN		160.88
베트남 V		4.42

환전

호 앙 : 지영 씨, 달러를 한국 돈으로 바꾸고 싶어요.
　　　　어떻게 해야 돼요?

지 영 : 아, 환전이요?　은행에 가 보세요.

호 앙 : 은행은 몇 시까지 해요?

지 영 : 9시부터 4시까지 해요.

호 앙 : 고마워요, 지영 씨.

(은행에서)

직 원 : 어서 오세요. 어떻게 오셨습니까?

호 앙 : 달러를 한국 돈으로 환전하려고 해요.
　　　　오늘 환율이 어떻게 돼요?

직 원 : 1달러에 1,160원입니다. 얼마를 환전하시겠어요?

호 앙 : 100달러를 환전해 주세요.

직 원 : 네, 잠시만 기다려 주세요.
　　　　여기 환전한 돈 11만 6천 원과 영수증입니다. 확인해 보세요.

호 앙 : 네, 11만 6천 원 맞아요. 감사합니다.

직 원 : 감사합니다. 좋은 하루 보내세요.

호앙 씨는 지금 무엇을 하고 있습니까?

오늘의 환율은 어떻게 됩니까?

Lesson 25
한국 돈으로 환전하려고 해요

어휘와 표현

달러	바꾸다	환전
환율 [화뉼]	영수증	확인
하루		

1 N을/를 N(으)로 바꾸다

달러를 한국 돈으로 바꿨어요.

이 옷을 다른 옷으로 바꾸고 싶어요.

문구점에 가서 어제 산 볼펜을 연필로 바꿨어요.

가 : 무슨 일로 오셨어요?

나 : 중국 돈을 한국 돈으로 바꿀 수 있어요?

2 보내다

좋은 하루 보내세요.

주말 잘 보내세요.

방학 잘 보내세요.

 문법

① V-(으)려고 하다

V	받침 O	-으려고 하다	읽다 → 읽으려고 하다
	받침 X 받침 'ㄹ'	-려고 하다	보다 → 보려고 하다 만들다 → 만들려고 하다

가 : 오후에 뭘 하려고 해요?

나 : 사진을 찍으려고 해요.

가 : 방학에 뭘 하려고 해요?

나 : 집에서 쉬려고 해요.

가 : 무슨 일로 오셨습니까?

나 : 환전을 하려고 해요.

연습 1 [보기]와 같이 질문에 대답해 봅시다.

> 보기
>
> 가 : 여름 방학에 뭘 할 거예요?
>
> 나 : 한국어 공부를 하려고 해요.

(1) 가 : 주말에 뭐 할 거예요?

　　나 : _____ .

(2) 가 : 오늘 오후에 뭐 할 거예요?

　　나 : _____ .

(3) 가 : 한국어 공부가 끝나고 무엇을 할 거예요?

　　나 : _____ .

2 V-아/어 주다[드리다]

A/V	ㅏ, ㅗ O	-아 주다	닫다 → 닫아 주다
	ㅏ, ㅗ X	-어 주다	열다 → 열어 주다
	하다	해 주다	전화하다 → 전화해 주다

가 : 선생님, 칠판에 써 주세요.

나 : 네, 알겠습니다.

가 : 생일에 무슨 선물을 사 줄까요?

나 : 케이크를 만들어 주세요.

제가 할머니를 도와 드렸습니다.

연습 1 활용 연습을 해 봅시다.

	-아/어 주세요	-아/어 줄까요 -아/어 드릴까요	-아/어 줬어요 -아/어 주셨어요
사다			
가르치다			
만들다			만들어 주셨어요
전화하다			
읽다		읽어 줄까요	
찍다			
쓰다			
듣다			
돕다	도와 주세요		

연습 2 [보기]에서 단어를 골라 대화를 완성해 봅시다.

찾다　　열다　　가르치다　　만들다　　끄다　　포장하다

(1) 가 : 교실이 너무 더워요.

　　나 : 그럼, 창문을 _____?

　　가 : 네, _____.

(2) 가 : 선생님, 이것이 뭐예요?　모르겠어요. _____.

(3) 가 : 오늘 저녁에 무엇을 먹고 싶어요?

　　나 : 김치찌개가 먹고 싶으니까 김치찌개를 _____.

(4) 가 : 왜 전화를 안 받았어요?

　　나 : 오늘 아침부터 휴대폰을 찾았지만 없어요. 휴대폰 좀 _____.

(5) 수업 시간에는 휴대폰을 꼭 _____.

(6) 가 : 여기에서 드실 거예요?

　　나 : 아니요, _____.

듣기

새 단어  통장　주소　신분증　외국인 등록증　현금지급기　서명

문제 1 다음을 잘 듣고 맞으면 O, 틀리면 X 하십시오.

① 호앙 씨는 통장을 바꾸려고 은행에 갔습니다. O Ⓧ

② 호앙 씨는 체크카드를 만들고 싶어 하지 않습니다. O Ⓧ

③ 외국인은 외국인 등록증으로 통장을 만들 수 있습니다. O Ⓧ

문제 2 체크카드는 무엇입니까?

_____

 읽기

※ 다음 글을 읽고 질문에 대답해 봅시다.

저는 준코입니다. 어제는 제 생일이었습니다. 하지만 저는 감기에 걸려서 많이 아팠습니다. 친구들과 파티를 하려고 했지만 학교에 갈 수 없었습니다. 그런데 수업이 끝나고 친구들이 우리 집에 와 주었습니다. 지영 씨는 음식을 만들어 주었고, 호암 씨는 저에게 재미있는 이야기를 해 주었습니다. 율리아 씨는 어제 배운 한국어 공부도 가르쳐 주었습니다. 저는 친구들이 너무 고마웠습니다.

오늘은 토요일입니다. 약도 먹고 쉬어서 이제는 괜찮습니다. 월요일에 학교에 가서 빨리 친구들을 만나고 싶습니다. 친구들에게 맛있는 점심을 사 줄 겁니다.

문제 1 준코 씨는 어제 무엇을 하려고 했습니까?

문제 2 친구들이 준코 씨에게 무엇을 해 주었습니까?

문제 3 준코 씨는 친구들에게 무엇을 해 줄 겁니까?

 쓰기

※ 여러분은 언제 힘들었습니까? 그때 누가 여러분을 어떻게 도와줬습니까?
　고마운 사람을 써 봅시다.

memo

26

LESSON

아르바이트를
해 봤어요?

학습 목표 경험 이야기하기

문 법 1. S-은데/ㄴ데/는데 S
2. V-아/어 보다

여러분은 아르바이트를 해 봤습니까?

무슨 아르바이트를 해 보고 싶습니까?

본문

점 원 : **여보세요. 경기 커피숍입니다.**

준 코 : 저, 아르바이트 광고를 보고 전화했는데 거기에서 무슨 일을 해요?

점 원 : 손님들의 주문을 받고, 커피를 만드는 일을 해요.

준 코 : 저는 한국어를 공부하는 외국 학생인데 아르바이트를 할 수 있어요?

점 원 : 한국어는 얼마나 공부하셨어요?

준 코 : 한국에 와서 두 달쯤 배웠어요.

점 원 : 아르바이트를 해 봤어요?

준 코 : 네, 대학교 때 커피숍에서 커피를 만들어 봤어요.

점 원 : 일주일에 몇 번 일할 수 있어요?

준 코 : 화요일, 목요일, 그리고 주말에 일할 수 있어요.

점 원 : 좋습니다. 토요일에 면접이 있으니까 2시까지 오세요.
　　　성함이 어떻게 되세요?

준 코 : 저는 토다 준코입니다.
　　　그럼 토요일에 뵙겠습니다.

준코 씨는 무엇을 하려고 합니까?

준코 씨는 아르바이트를 해 봤습니까?

어휘와 표현

아르바이트	주문	N 달 / N 개월	면접
광고	얼마나	N 때	뵙다

1 N 달 / N 개월 〈수 관형사〉

한 달에 한 번 여행을 하고 싶어요.
한국어를 두 달(이 개월)쯤 배웠어요.
3개월 전에 한국에 왔어요.

2 N 때

대학교 때 한국어를 배웠어요.
고등학교 때 수영 선수였어요.
방학 때 무엇을 할 거예요?

😊 어제 때 (X)

3 얼마나

가: 한국어를 얼마나 공부했어요?
나: 1년 공부했어요.
가: 노래를 얼마나 잘해요?
나: 아주 잘해요.

4 뵙다

처음 뵙겠습니다. 저는 호앙입니다.
선생님, 그럼 내일 뵙겠습니다. 안녕히 계세요.

문법

1 A-은/ㄴ데 / V-는데 / N인데 〈배경〉

A		V		N	
A(현재)	A-은데/ A-ㄴ데	V(현재)	V-는데	N(현재)	N인데
작다	작은데	먹다	먹는데	학생	학생인데
크다	큰데	보다	보는데	의사	의사인데
A(과거) →	A-았/ 었는데	V(과거) →	V-았/ 었는데	N(과거) →	N이었/ 였는데
작다	작았는데	보다	봤는데	학생	학생이 었는데
크다	컸는데	먹다	먹었는데	의사	의사 였는데

가 : 날씨가 좋은데 밖에 나갈까요?

나 : 좋아요.

가 : 어제 백화점에 갔는데 사람이 너무 많았어요.

나 : 세일 기간이어서 그럴 거예요.

연습 1 [보기]와 같이 문형 연습을 해 봅시다.

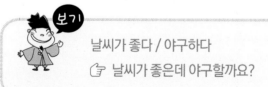

날씨가 좋다 / 야구하다
☞ 날씨가 좋은데 야구할까요?

(1) 피곤하다 / 좀 쉬다 ☞ _____.

(2) 날씨가 덥다 / 냉면을 먹다 ☞ _____.

(3) 비가 오다 / 우산을 사다 ☞ _____.

연습 2　[보기]와 같이 문형 연습을 해 봅시다.

> **보기**
>
> 시장에 갔어요. 사람이 많았어요.
> ☞ 시장에 갔는데 사람이 많았어요.

(1) 시험을 봤어요. 어려웠어요.

☞ _____ .

(2) 어제 영화를 봤어요. 재미있었어요.

☞ _____ .

(3) 산에 갔어요. 비가 왔어요.

☞ _____ .

연습 3　[보기]와 같이 문형 연습을 해 봅시다.

> **보기**
>
> 약을 먹다 / 지금도 아프다
> ☞ 약을 먹었는데 지금도 아파요.

(1) 공부를 열심히 하다 / 모르다

☞ _____ .

(2) 외국 사람이다 / 한국음식을 잘 만들다

☞ _____ .

(3) 숙제를 하다 / 전화가 오다

☞ _____ .

② V-아/어 보다 〈경험〉

V	ㅏ, ㅗ O	-아 보다	가다 → 가 봤어요
	ㅏ, ㅗ X	-어 보다	먹다 → 먹어 봤어요
	하다	해 보다	요리하다 → 요리해 봤어요

가 : 프랑스에 가 봤어요?

나 : 아니요, 안 가 봤어요.

가 : 한국 요리를 만들어 봤어요?

나 : 네, 김치찌개를 만들어 봤어요.

한복을 입어 봤어요.

한국 노래를 불러 봤어요.

떡볶이를 먹어 봤는데 너무 매웠어요.

연습 1   [보기]와 같이 대화를 만들어 봅시다.

> **보기**
>
> 한국 요리를 만들다/ 중국 요리를 만들다
>
> 가 : 한국 요리를 만들어 봤어요?
>
> 나 : 아니요, 중국 요리는 만들어 봤어요.

(1) 바이올린을 배우다 / 피아노를 배우다

가 : _____ ?

나 : _____ .

(2) 스키를 타다 / 스케이트를 타다

가 : _____ ?

나 : _____ .

(3) 식당에서 일하다 / 커피숍에서 일하다

가 : _____ ?

나 : _____ .

연습 2 [보기]와 같이 질문에 대답해 봅시다.

> **보기**
>
> 가 : 제주도에 가 봤어요?
> 나 : 아니요, 안 가 봤어요.

(1) 가 : 한국에서 운전해 봤어요?

　　나 : _____.

(2) 가 : 한국 노래를 들어 봤어요?

　　나 : _____.

(3) 가 : 부산에 가 봤어요?

　　나 : _____.

듣기

문제 1 다음을 잘 듣고 맞으면 O, 틀리면 X 하십시오.

(1) ⊙ ⊗

(2) ⊙ ⊗

(3) ⊙ ⊗

문제 2 다음을 잘 듣고 질문에 답하십시오.

(1) 여자는 왜 영어를 배우려고 합니까?

　　_____

(2) 남자는 왜 영어를 가르쳐 줄 수 없습니까?

　　① _____

　　② _____

　　③ _____

 읽기

※ 다음 글을 읽고 질문에 대답해 봅시다.

저는 러시아에서 온 율리아입니다. 올해 3월에 한국에 왔습니다. 저는 한국에서 친구와 함께 여행을 많이 했습니다. 서울에 있는 명동과 경복궁에 가 봤습니다.

명동에는 옷 가게와 식당이 많이 있습니다. 저는 친구와 한국 식당에서 칼국수를 먹었습니다. 김치도 먹어 봤습니다. 김치가 너무 매웠습니다.

경복궁에는 한복을 입고 구경하는 사람들이 많았습니다. 한복이 너무 예뻐서 우리도 한복을 입어 봤습니다. 한복을 입고 구경을 하면서 사진도 많이 찍었습니다.

이번 방학 때는 제주도에 가고 싶습니다. 제주도는 산도 있고 바다도 있어서 아름답습니다. 저는 생선을 좋아하니까 여러 가지 생선 요리도 먹어 보고 싶습니다.

칼국수 / 한복 / 구경하다 / 아름답다 / 생선 / 여러 가지

문제 1 다음을 읽고 맞는 것을 찾으십시오. (　　　)

① 한국에 와서 서울에 안 가 봤습니다.

② 경복궁에서 한복을 입고 구경했습니다.

③ 율리아 씨는 김치가 매워서 못 먹었습니다.

④ 제주도에서 생선 요리를 많이 먹어 봤습니다.

문제 2 율리아 씨는 이번 방학 때 어디에 가고 싶어 합니까?

※ 친구들과 같이 이야기해 봅시다.

질문	나	친구 :
1. 제주도에 가 봤어요?		
2. 배를 타 봤어요?		
3. 한국에서 극장에 가 봤어요?		
4. 비빔밥을 먹어 봤어요?		
5. 한국 노래를 들어 봤어요?		
6. 한국 음식을 만들어 봤어요?		
7. 한국에서 지하철을 타 봤어요?		
8. 서울에 가 봤어요?		
9. 한복을 입어 봤어요?		
10.		
11.		

쓰기

※ 한국에 와서 무엇을 해 봤습니까? 가장 기억나는 것은 무엇입니까? 써 봅시다.

memo

27

LESSON

경기 체육관에서 만나기로 했어요

학습 목표   약속하기

문   법   1. V-기로 하다
           2. A/V-지요?
              A/V-았/었지요?
           3. V-(으)ㄹ게요

이 남자는 무엇을 하고 있습니까?

여러분은 친구와 어떻게 약속을 합니까?

351

본문

엥크 씨와 율리아 씨가 외국인 파티 이야기를 합니다.

엥　크 : 한국 학생들과 파티를 하는 날이 내일이지요?

율리아 : 네, 내일 7시예요. 엥크 씨도 갈 거지요?

엥　크 : 네, 갈 거예요. 어디에서 모이기로 했어요?

율리아 : 경기 체육관에서 모이기로 했어요.

엥　크 : 참가비가 있어요?

율리아 : 아니요, 무료인데 선물을 준비해야 해요.
　　　　 한국 학생과 선물을 교환하기로 했어요.

엥　크 : 아, 그래요? 율리아 씨는 선물을 샀어요?

율리아 : 아니요, 그래서 오후에 백화점에 가려고 해요.

엥　크 : 그럼 저와 같이 갈까요?

율리아 : 좋아요. 수업이 끝나고 도서관 앞에서 만나기로 해요.

엥　크 : 알겠어요. 끝나고 바로 갈게요.

언제 파티가 있습니까?

두 사람은 오후에 무엇을 하기로 했습니까?

어휘와 표현

체육관	모이다	참가비
무료	교환하다	바로

1 모이다

열심히 일해서 돈이 많이 모였어요.

운동장에 사람이 많이 모였어요.

이쪽으로 모여 주세요.

2 참가비 / 참가하다

참가비는 얼마입니까?

한국어 말하기 대회에 참가하고 싶어요.

그 파티에 참가한 사람이 몇 명이었어요?

3 바로

수업이 끝나고 바로 집으로 갔어요.

점심 먹고 바로 공부했어요.

도착해서 바로 전화하세요.

문법

1 V-기로 하다

| V | 받침 O | V-기로 하다 | 읽다 → 읽기로 하다 |
| | 받침 X | | 보다 → 보기로 하다 |

가 : 이번 방학에 뭐 할 거예요?

나 : 친구들과 제주도에 가기로 했어요.

가 : 주말에 무엇을 할까요?

나 : 극장에 가서 영화를 보기로 해요.

연습 1 [보기]와 같이 대화를 만들어 봅시다.

보기

가 : 방학 계획이 있어요?

나 : 네, 친구와 같이 테니스를 배우기로 했어요.

(1) 가 : 오늘 약속이 있어요?

　　나 : 네, _____.

(2) 가 : 크리스마스 때 뭐 할 거예요?

　　나 : _____.

(3) 가 : 생일에 뭘 할 거예요?

　　나 : _____.

연습 2 [보기]와 같이 대화를 만들어 봅시다.

> **보기**
>
> 가 : 어디에서 만날까요?
>
> 나 : 학교 앞에서 만나기로 해요.

(1) 가 : 내일부터 방학이에요.

　　나 : 우리 방학에 _____ .

(2) 가 : 우리 내일 제주도에 가기로 했지요?

　　나 : 네, 학교 앞에서 _____ .

(3) 가 : 지영 씨 생일에 뭘 선물할까요?

　　나 : 우리 같이 예쁜 옷을 _____ .

2 A/V-지요?
A/V-았/었지요?

A/V	받침 O	-지요?	읽다 → 읽지요?
(현재)	받침 X		가다 → 가지요?
A/V (과거)	ㅏ, ㅗ O	-았지요?	가다 → 갔지요?
	ㅏ, ㅗ X	-었지요?	읽다 → 읽었지요?
	하다	했지요?	하다 → 했지요?

가 : 오늘 날씨가 참 춥지요?

나 : 네, 정말 춥군요.

가 : 어제 학교에 왔지요?

나 : 아니요. 배가 아파서 못 왔어요.

가 : 어제 본 그 여자는 정말 예뻤지요?

나 : 네, 다시 한 번 만나고 싶어요.

③ N-(이)지요?

N-이었/였지요?

N	받침 O	이지요?	학생	→ 학생이지요?
(현재)	받침 X	지요?	의사	→ 의사지요?
N	받침 O	이었지요?	학생	→ 학생이었지요?
(과거)	받침 X	였지요?	의사	→ 의사였지요?

가 : 오늘은 금요일이지요?

나 : 네, 금요일이에요.

가 : 라이언 씨 친구는 의사였지요?

나 : 네, 의사였지만 지금은 학생이에요.

연습 1 [보기]와 같이 대화를 만들어 봅시다.

> **보기**
>
> 아침 먹었어요? ☞ 가 : 아침 먹었지요?
>
> 나 : 네, 먹었어요.

(1) 한국어 공부가 어려워요?

가 : _____?

나 : 네, _____.

(2) 김치가 매워요?

가 : _____?

나 : 네, _____.

(3) 프랑스어를 몰라요?

가 : _____?

나 : 네, _____.

4 V-(으)ㄹ게요

V	받침 O	-을게요	읽다 → 읽을게요
	받침 X 받침 'ㄹ'	-ㄹ게요	보다 → 볼게요 만들다 → 만들게요

가 : 같이 밥을 먹을까요?

나 : 좋아요. 오늘은 제가 밥을 살게요.

가 : 오후에 도서관 앞에서 만나기로 해요.

나 : 네, 제가 수업이 끝나고 그 쪽으로 갈게요.

연습 1 [보기]와 같이 질문에 대답해 봅시다.

> 보기
>
> 가 : 누가 할 거예요?
>
> 나 : 제가 할게요.

(1) 가 : 누가 노래할 거예요?

　　나 : _____.

(2) 가 : 누가 책을 읽을 거예요?

　　나 : _____.

(3) 가 : 누가 김 선생님께 전화할 거예요?

　　나 : _____.

연습 2 [보기]와 같이 알맞은 문장을 써 봅시다.

> 호앙 씨는 베트남 학생인데 한국에 오고 싶어서 부모님과 약속을 했습니다.
> 무슨 약속을 했을까요?
> ☞ "아버지, 어머니 걱정하지 마세요. 한국에 가서 열심히 공부할게요."

(1) 율리아 씨가 숙제를 너무 어려워 합니다.

　　그래서 라이언 씨는 율리아 씨의 숙제를 도와주고 싶습니다.

　　☞ "율리아 씨, 제가 _____"

(2) 오늘은 제 생일입니다. 호앙 씨가 생일 선물을 줬습니다.

　　너무 고마워서 호앙 씨에게 저녁을 사고 싶습니다.

　　☞ "호앙 씨, 제가 _____"

듣기

새 단어  출발하다

문제 1 다음을 잘 듣고 맞으면 O, 틀리면 X 하십시오.

　　(1) 남자는 제주도에 처음 갑니다. Ⓞ Ⓧ

　　(2) 두 사람은 제주도에 가기로 했습니다. Ⓞ Ⓧ

　　(3) 제주도에 이번 주 금요일에 가기로 했습니다. Ⓞ Ⓧ

말하기

※ 표를 보면서 친구와 함께 여행 계획을 이야기해 봅시다.

① 여행 장소	
② 교통	
③ 날짜	
④ 약속 시간	
⑤	

(1) 먼저 옆 친구와 함께 가고 싶은 장소를 이야기하세요.

(2) 그리고 계획을 세워 봅시다.

가 : 무엇을 타고 갈까요?

나 : ②기차를 타기로 해요.

가 : 언제 갈까요?

나 : ③다음 주말에 가기로 해요.

가 : 그러면 ④다음 주 토요일 오전 9시에 학교 정문에서 만나기로 해요.

(3) 친구와 세운 계획을 말해 봅시다.

359

28

LESSON

방학을 하면
기차표가 없을 거예요

학습 목표	가정해서 말하기
문 법	1. S-(으)면 S
	2. V-기 전에
	V-(으)ㄴ 후에

여러분은 방학을 하고 무엇을 하기로 했습니까?

어디로 여행을 가는 것이 좋습니까?

361

본문

라이언 : 준코 씨, 다음 주에 방학을 하면 고향에 갈 거예요?

준　코 : 아니요, 가고 싶은데 이번에는 가지 않으려고 해요.
　　　　라이언 씨는 방학 동안 뭘 할 거예요?

라이언 : 지영 씨와 설악산에 가기로 했어요. 준코 씨는 설악산에 가 봤어요?

준　코 : 아니요, 아직 안 가 봤어요.

라이언 : 그러면 같이 갈까요?

준　코 : 좋아요, 같이 가요. 언제 가기로 했어요?

라이언 : 새해에 가기로 했어요. 해돋이를 보면서 소원도 빌 수 있으니까요.

준　코 : 그런데 설악산에는 어떻게 가요?

라이언 : 기차를 타려고 해요. 새해니까 길이 많이 막힐 거예요.

준　코 : 기차표는 샀어요?

라이언 : 아니요, 아직 안 샀어요. 방학한 후에 사려고 해요.

준　코 : 방학을 하면 기차표가 없을 거예요. 방학하기 전에 제가 살게요.

라이언 : 네, 고마워요. 빨리 가고 싶군요.

라이언 씨와 준코 씨는 방학에 무엇을 하려고 합니까?

설악산에서 무엇을 할 수 있습니까?

어휘와 표현

방학	고향	설악산
새해	해돋이[해도지]	소원
빌다	막히다[마키다]	기차표

1 N 동안 / 얼마 동안

방학 동안 뭐 할 거예요?

감기에 걸려서 일주일 동안 집에 있었어요.

10년 동안 한국에서 살았어요.

2 소원을 빌다/이루다

새해에 해돋이를 보면서 소원을 빌었어요.

올해에는 소원을 꼭 이루세요.

대학교에 들어가는 것이 제 소원이에요.

3 아직 안/못 V, 아직 V-지 않다/못하다

가 : 점심을 먹었어요?

나 : 점심을 아직 안 먹었어요. (= 점심을 아직 먹지 않았어요.)

점심을 아직 못 먹었어요. (= 점심을 아직 먹지 못했어요.)

가 : 태권도를 해 봤어요?

나 : 아직 못 해 봤어요.

 문법

① 가정

S-(으)면 S

	받침 O	-으면	먹다 → 먹으면
A/V	받침 X	-면	가다 → 가면
	받침 'ㄹ'		만들다 → 만들면

약속시간에 늦으면 전화를 해야 해요.

열심히 공부하면 2급에 갈 수 있어요.

음악을 들으면 기분이 좋아요.

주말에 날씨가 좋으면 산책을 합시다.

가 : 방학을 하면 무엇을 할 거예요?

나 : 고향에 갈 거예요.

가 : 고향에 가면 뭘 할 거예요?

나 : 부모님과 친구들을 만날 거예요.

연습 1 [보기]와 같이 알맞은 것을 줄로 이어 봅시다.

[보기] 방학을 하면 •   • 집에 있을 거예요.

(1) 몸이 아프면 •   • 운동을 하고 싶어요.

(2) 비가 오면 •   • 노트북을 사고 싶어요.

(3) 교실이 추우면 •   • 여행을 할 거예요.

(4) 시간이 있으면 •   • 길이 막힐까요?

(5) 버스를 타면 •   • 병원에 가 보세요.

(6) 몸이 피곤하면 •   • 좀 쉬세요.

(7) 돈이 있으면 •   • 창문을 닫으세요.

연습 2 [보기]와 같이 질문에 대답해 봅시다.

> 보기
>
> 가 : 언제 고향에 갈 거예요?
>
> 나 : 시험이 끝나면 갈 거예요.

(1) 가 : 언제 기분이 좋아요?

　　나 : _____.

(2) 가 : 언제 슬퍼요?

　　나 : _____.

(3) 가 : 언제 머리가 아파요?

　　나 : _____.

❷ V-기 전에

V	받침 O	V-기 전에	먹다 → 먹기 전에
	받침 X		가다 → 가기 전에

밥을 먹기 전에 손을 씻으세요.

이 집에서 살기 전에 기숙사에서 살았어요.

잠을 자기 전에 세수를 해요.

③ V-(으)ㄴ 후에

V	받침 O	-은 후에	먹다	→	먹은 후에
	받침 X	-ㄴ 후에	가다	→	간 후에
	받침 'ㄹ'		만들다	→	만든 후에

사과를 씻은 후에 먹어요.

시험이 끝난 후에 집에서 잠을 잘 거예요.

김치찌개를 만든 후에 친구들과 같이 먹었어요.

연습 1 [보기]와 같이 문장을 만들어 봅시다.

> **보기**
>
> 밥을 먹다
> 밥을 먹기 전에 세수를 합니다.
> 밥을 먹은 후에 신문을 읽습니다.

(1) 운동하다

------

(2) 친구를 만나다

------

(3) 수업을 듣다

------

(4) 목욕을 하다

------

(5) 한국어를 공부하다

------

(6) 창문을 열다

 듣기

 건물

문제 1 다음을 잘 듣고 맞으면 O, 틀리면 X 하십시오.

(1) 왕밍 씨는 경기대학교에 가려고 합니다. ⊙ ⊗

(2) 정우 씨의 집은 공원을 지나면 있습니다. ⊙ ⊗

(3) 버스에서 내려서 10분 쯤 걸으면 공원이 있습니다. ⊙ ⊗

 읽기

※ 다음 글을 읽고 질문에 대답해 봅시다.

아주머니 안녕하세요? 날씨가 추운데 건강하시지요? 지난 방학에 아주머니께서 많이 도와 주셔서 부산 여행을 잘할 수 있었어요. 부산 시내도 보여 주시고, 맛있는 회도 사 주셔서 정말 감사했습니다. 그리고 회를 먹은 후에 간 바다도 정말 멋있었어요. 또 가고 싶어요. 시간이 있으면 저희 집에 놀러 오세요. 저희 집은 작지만 아주머니를 꼭 초대하고 싶어요. 감기 조심하시고 다음에 또 편지 쓸게요. 그날 같이 찍은 사진도 함께 보낼게요. 안녕히 계세요.

호앙 올림

시내 / 회 / 조심 / 올림

문제 1 호앙 씨는 아주머니께 무엇을 썼습니까? _____

문제 2 호앙 씨는 왜 이것을 썼습니까? _____

문제 3 호앙 씨는 아주머니께 이것과 같이 무엇을 보냈습니까? _____

 말하기

※ [보기]와 같이 친구와 함께 이야기하고 친구의 대답을 써 봅시다.

보기

가 : 돈이 많이 있으면 뭘 하고 싶어요?
나 : 돈이 많이 있으면 세계 여행을 하고 싶어요.

가 : 비가 많이 오면 어떻게 할 거예요?
나 : 비가 많이 오면 집에서 쉴 거예요.

	나	친구:	친구:
돈이 많이 있다			
한국말을 잘하다			
하루 동안 남자/여자가 되다			
눈이 많이 오다			
주말에 시간이 있다			
수업 시간에 자고 싶다			
감기에 걸리다			
부모님이 보고 싶다			
밤에 배가 고프다			

쓰기

※ 다음 문법을 사용해서 5년 후의 나의 모습을 써 봅시다.

V-(으)려고 하다	V-(으)ㄹ 거예요	S-(으)면	V-고 싶다
N도 V-고 N도 V	N인데	S-은데/ㄴ데/는데	V-는	A-은/ㄴ N

듣기 대본

LESSON 1

 1 (1) 저는 학생입니다. 한국 사람입니다.

(2) 제 직업은 가수입니다. 저는 캐나다 사람입니다.

(3) 저는 러시아 사람입니다. 제 직업은 주부입니다.

(4) 저는 일본 사람입니다. 저는 선생님입니다.

2 안녕하세요?

저는 호앙입니다.

베트남 사람입니다.

제 직업은 회사원입니다.

만나서 반갑습니다.

LESSON 2

 1 안녕하세요? 저는 호앙입니다. 저는 선생님이 아닙니다. 제 직업은 학생입니다. 베트남 사람입니다. 제 친구 지영 씨는 한국 사람입니다. 만나서 반갑습니다.

2 (1) 여 자 : 이것은 무엇입니까?

　　남 자 : 그것은 달력입니다.

(2) 여 자 : 저것은 무엇입니까?

　　　남 자 : 저것은 가방입니다.

(3) 여 자 : 이것은 책상입니까?

　　　남 자 : 아니요, 책상이 아닙니다. 의자입니다.

(4) 여 자 : 의사입니까?

　　　남 자 : 아니요, 의사가 아닙니다. 요리사입니다.

LESSON 3

 (1) 여 자 : 어디에 갑니까?

남 자 : 여기는 우체국입니다.

(2) 여 자 : 최수진 씨는 선생님입니까?

남 자 : 아니요, 선생님입니다.

(3) 여 자 : 이것은 볼펜입니까?

남 자 : 네, 연필입니다.

(4) 여 자 : 여기는 어디입니까?

남 자 : 학교입니다.

② 여기는 학교입니다. 저는 교실에 갑니다.

정우 씨는 도서관에 갑니다.

지영 씨는 편의점에 갑니다.

호앙 씨는 집에 갑니다.

오늘 호앙 씨 친구가 호앙 씨 집에 옵니다.

호앙 씨 친구 이름은 준코입니다. 준코 씨는 간호사입니다.

LESSON 4

 식당에서 무엇을 합니까?

② 남 자 : 안녕하세요?

여 자 : 네, 안녕하세요? 호앙 씨는 어디에 갑니까?

남 자 : 회사에 갑니다. 회사에서 일을 합니다.
    지영 씨는 어디에 갑니까?

여 자 : 저는 도서관에 갑니다. 도서관에서 한국어를 공부합니다.

남 자 : 정우 씨도 도서관에 같이 갑니까?

여 자 : 네, 정우 씨도 같이 갑니다.

LESSON 5

 (1) 요즘 날씨가 춥습니다. 눈이 많이 옵니다.

(2) 요즘 날씨가 흐립니다. 구름이 많습니다.

(3) 요즘 날씨가 아주 덥습니다. 시원하지 않습니다.

② 여 자 : 세계의 날씨입니다.
　　　　일본의 날씨는 어떻습니까?

남 자 : 일본은 춥습니다. 눈이 옵니다. 바람도 붑니다.

여 자 : 베트남은 어떻습니까?

남 자 : 베트남은 지금 맑습니다. 따뜻합니다.

여 자 : 중국의 날씨는 어떻습니까?

남 자 : 중국은 조금 춥습니다.
　　　　흐립니다. 비는 오지 않습니다.

LESSON 6

 (1) 냉장고 안에 과일이 있습니다.

(2) 선생님 뒤에 칠판이 있습니다.

(3) 의자 위에 고양이가 있습니다.

② 여기는 제 방입니다. 침대 옆에 책상이 있습니다.

책상 위에 책과 컴퓨터가 있습니다. 서랍 안에는 볼펜이 있습니다.

가방은 책상 아래에 있습니다.

제 친구의 이름은 준코입니다. 준코 씨는 일본 사람입니다. 지금 저와 같이 경기대학교에서 한국어를 공부합니다. 우리는 친구지만 조금 다릅니다. 저는 주말에 친구들과 같이 운동을 하지만 준코 씨는 집에서 게임을 합니다. 저는 한국 음식을 싫어하지만 준코 씨는 한국 음식을 좋아합니다. 저는 말이 많지만 준코 씨는 아주 조용합니다.

 오늘은 금요일입니다. 내일은 호앙 씨의 생일입니다. 토요일에는 수업이 없습니다. 그래서 학교에 가지 않습니다. 내일은 친구들과 함께 호앙 씨의 생일 파티를 합니다. 생일 파티는 식당에서 합니다.

② 남 자 1 : 지영 씨, 이번 주에 무엇을 해요?

여 자 : 저는 월요일에는 도서관에서 공부를 하고 화요일에는 수영장에 가요.
　　　　일요일에 부모님과 함께 등산을 해요. 라이언 씨는요?

남 자 1 : 저는 월요일에 학교에서 춤을 배워요.
　　　　목요일에는 집에서 청소를 하고 토요일에는 컴퓨터를 해요.
　　　　엥크 씨는요?

남 자 2 : 저는 수요일에는 집에서 빨래를 하고 금요일에는 한국 친구를 만나요.
　　　　주말에는 시장에 가요.

듣기 대본

LESSON 9

① 그저께는 제 생일이었습니다. 친구들과 함께 밥을 먹고 노래방에 갔습니다. 재미있었습니다. 어제는 학교에 가지 않았습니다. 집에서 쉬었습니다. 텔레비전을 보고 숙제를 했습니다. 오늘은 11월 16일, 월요일입니다. 날씨가 춥습니다. 학교에서 한국어를 배우고 도서관에서 책을 읽습니다.

② 남 자 : 준코 씨, 주말에 무엇을 했어요?

여 자 : 주말에 일본에서 친구가 왔어요. 친구와 같이 밥을 먹고 영화를 봤어요.

남 자 : 영화를 보고 집에 왔어요?

여 자 : 아니요, 영화를 보고 옷가게에도 가고 서점에도 갔어요.

남 자 : 친구는 언제 일본에 가요?

여 자 : 다음 주 토요일에 가요.

남 자 : 다음 주 토요일이 며칠이에요?

여 자 : 음, 11월 12일이에요.

LESSON 10

① 왕　밍 : 율리아 씨, 어제 학교에 왜 안 왔어요?

율리아 : 어제 제가 많이 아팠어요.
　　　　 저는 보통 아침 7시쯤에 일어나지만 어제는 8시 50분쯤에 일어났어요. 아침을 먹고 10시에 병원에 갔어요.

왕　밍 : 지금은 괜찮아요?

율리아 : 네, 약을 먹고 잤어요. 어제 집에서 많이 쉬었어요.

왕　밍 : 오늘 아침에도 병원에 갔어요?

율리아 : 아니요, 아침에 약을 먹었어요. 지금은 괜찮아요.
　　　　 오늘은 수업이 끝나고 오후에 병원에 가요.

LESSON 11

 제 이름은 호앙입니다. 저는 베트남 사람입니다. 3월에 한국에 왔습니다. 지금 경기대학교에서 한국어를 배웁니다. 부모님께서는 베트남에 계십니다. 아버지께서는 요리사십니다. 아버지와 어머니께서는 식당에서 함께 일하십니다. 형은 지금 베트남에서 회사에 다닙니다. 형은 내년에 결혼을 합니다. 남동생은 지금 18살이고, 학생입니다. 남동생은 노래와 춤을 좋아합니다.

② 준 코 : 율리아 씨, 가족이 몇 명이에요?

율리아: 일곱 명이에요. 할아버지와 부모님이 계시고, 언니가 세 명 있어요.

준 코 : 와! 언니가 많아요. 모두 같이 살아요?

율리아 : 아니요, 언니들은 모두 결혼을 했고, 지금 러시아 집에는 할아버지와 아버지, 어머니 세 분이 계세요.

준 코 : 그래요? 부모님께서는 무슨 일을 하세요?

율리아 : 아버지께서는 우체국에서 일하시고 어머니께서는 병원에서 일하세요.

준 코 : 어머니께서 간호사세요?

율리아 : 아니요, 의사세요. 어머니께서는 많이 바쁘시지만 주말에는 보통 아버지와 같이 저녁도 드시고 테니스도 치세요.

LESSON 12

 남 자 : 어서 오세요.

여 자 : 안녕하세요? 공책 한 권에 얼마예요?

남 자 : 이 공책은 500원이고, 저 공책은 1,000원이에요.

여 자 : 저 공책 두 권 주세요. 연필은 한 자루에 얼마예요?

남 자 : 연필은 한 자루에 400원입니다.

여 자 : 연필도 네 자루 주세요.

남 자 : 네, 공책 두 권과 연필 네 자루 여기 있습니다.

여 자 : 고맙습니다. 안녕히 계세요.

남 자 : 네, 안녕히 가세요. 또 오세요.

LESSON 13

1 남 자 : 지영 씨, 오늘 날씨가 아주 좋아요. 오후에 같이 등산할까요?

여 자 : 미안해요. 저는 등산을 안 좋아해요.

남 자 : 그럼 극장에 갈까요?

여 자 : 네. 영화를 봅시다.

남 자 : 영화를 보고 피자를 먹을까요?

여 자 : 저는 피자를 안 좋아해요. 불고기를 먹읍시다.

남 자 : 좋아요. 그럼 2시에 학교 정문에서 만납시다.

2 남 자 : 왕밍 씨! 여기예요.

여 자 : 아, 호앙 씨. 제가 늦었어요. 미안해요.

남 자 : 괜찮아요. 우리 버스를 타고 명동에 갑시다. 저기 버스가 와요.

여 자 : 지금은 퇴근 시간이에요. 길이 복잡하니까 지하철을 탑시다.

남 자 : 좋아요. 어서 갑시다.

여 자 : 와, 사람들이 정말 많아요.

남 자 : 금요일 저녁 시간이니까 사람들이 정말 많아요.

여 자 : 우리 밥을 먼저 먹을까요?

남 자 : 식당에 사람들이 많으니까 지금은 쇼핑을 합시다.

여 자 : 그럼 쇼핑을 하고 밥을 먹을까요?

남 자 : 네, 그래요. 그럼 저기로 갈까요?

정 우 : 엥크 씨, 주말에 뭐해요?

엥 크 : 친구들과 같이 제주도에 사진을 찍으러 가요.
그런데 제주도에 어떻게 가요?

정 우 : 비행기가 빠르니까 비행기를 타고 가세요.

엥 크 : 그런데 주말이니까 비행기 표가 너무 비싸요.

정 우 : 그러면 배를 타고 가세요.
먼저 기차를 타고 부산에서 내리세요. 거기에서 배를 타요

엥 크 : 기차역은 어디가 가까워요?

정 우 : 수원역이 가까우니까 수원역에서 타세요.

엥 크 : 네, 정우 씨, 고마워요.

 기 사 : 손님, 어디로 갈까요?

손 님 : 경기대학교로 갑시다.

기 사 : 정문 쪽으로 갈까요, 후문 쪽으로 갈까요?

손 님 : 여기에서 후문이 가까우니까 후문 쪽으로 갑시다.

기 사 : 네, 알겠습니다.

(잠시 후)

기 사 : 경기대학교 후문 앞에 왔습니다.

손 님 : 여기에서 왼쪽으로 가서 학교 쪽으로 들어가세요.

기 사 : 네, 알겠습니다.

LESSON 16

1 여 자 : 라이언 씨, 이번 주말에 무엇을 할 거예요?

남 자 : 저는 친구를 만나서 영화를 볼 거예요. 그리고 저녁도 먹고 이야기도 할 거예요. 왕밍 씨는요?

여 자 : 저는 토요일에는 집에서 쉴 거예요. 텔레비전도 보고 청소도 하고 요리도 할 거예요. 일요일에는 백화점에 가서 쇼핑을 할 거예요.

남 자 : 백화점에서 무엇을 살 거예요?

여 자 : 다음 주 금요일이 제 친구 생일이에요. 그래서 친구 생일 선물을 살 거예요.

남 자 : 그러면 주말에 남자 친구를 안 만날 거예요?

여 자 : 아니요, 남자 친구를 만나서 같이 백화점에 갈 거예요.

2 남 자 : 율리아 씨는 생일이 언제예요?

여 자 : 제 생일은 다음 달 19일이에요. 정우 씨 생일은 이번 달이에요?

남 자 : 네, 6월 23일이 제 생일이에요.

여 자 : 아, 그러면 이번 주 일요일이 정우 씨 생일이에요?

남 자 : 네, 맞아요.

여 자 : 축하해요! 생일에 무엇을 할 거예요?

남 자 : 생일에는 가족들과 같이 밥을 먹을 거예요.
그리고 토요일에는 제 생일 파티를 할 거예요.
율리아 씨도 오세요.

여 자 : 그럴까요? 또 누구를 초대했어요?

남 자 : 라이언 씨, 호앙 씨, 지영 씨를 초대했어요. 모두들 올 거예요.

여 자 : 네, 그럼 정우 씨, 무슨 선물이 좋아요?

남 자 : 아니에요. 괜찮아요.

여 자 : 아니에요. 제가 정우 씨에게 생일 선물을 줄 거예요.

남 자 : 하하. 그럼 한국어 사전을 주세요.

여 자 : 네, 알겠어요. 그러면 토요일에 만납시다.

여 자 : 호앙 씨는 보통 주말에 뭐해요?

남 자 : 저는 운동을 좋아해서 주말에 보통 운동장에 가서 운동을 해요.

여 자 : 무슨 운동을 좋아해요?

남 자 : 수영과 농구를 좋아해요.

여 자 : 저는 운동을 싫어해요. 요즘 날씨가 너무 더워서 운동을 안 해요.

남 자 : 왕밍 씨, 여름은 더우니까 수영을 해 보세요. 덥지 않고 좋아요.
　　　　그럼, 왕밍 씨 취미는 뭐예요?

여 자 : 저는 여행을 좋아해요.
　　　　주말에 친구와 같이 산과 바다로 여행을 가요.

남 자 : 저도 여행을 좋아해요. 저는 여행을 가서 그림도 그려요.

여 자 : 그래요? 호앙 씨, 이번 방학에 고향에 가요?

남 자 : 아니요, 이번 방학에 고향에 가지 않아요.
　　　　한국에서 한국어 공부도 하고 여행도 할 거예요.

여 자 : 그럼 이번 방학에 같이 여행을 갈까요?

남 자 : 네, 좋아요.

LESSON 18

1 호 앙 : 정우 씨, 내일 시간 있어요?

정 우 : 왜요? 무슨 일이 있어요?

호 앙 : 내일 시험이 끝나서 우리 반 친구들과 같이 밥을 먹으러 갈 거예요.
　　　정우 씨도 오세요.

정 우 : 몇 시에 만나요? 저는 내일 오후에 수업이 있어서 낮에는 못 가요.

호 앙 : 괜찮아요. 우리는 저녁 6시에 만날 거예요.

정 우 : 학교 앞에서 만나요?

호 앙 : 왕밍 씨와 율리아 씨가 수원역에 있는 식당을 좋아해서 내일은
　　　수원역 앞에서 만날 거예요.

정 우 : 아, 그래요? 그럼 저도 6시까지 수원역 앞으로 갈 수 있어요.
　　　저녁을 먹고 술도 마실 거예요?

호 앙 : 왕밍 씨와 율리아 씨가 술 마시는 것을 안 좋아해서 잘 모르겠어요.

정 우 : 그렇군요. 호앙 씨는 술을 잘 마셔요?

호 앙 : 하하. 술을 좋아하지만 잘 못 마셔요. 정우 씨도 술을 좋아해요?

정 우 : 술도 좋아하지만 친구들과 이야기하는 것도 좋아해요.

① 엥크 씨는 머리가 짧고, 차가운 음료수를 마시는 남자예요.

율리아 씨는 작은 가방을 들었어요. 키가 큰 여자예요.

지영 씨는 머리가 조금 길고, 짧은 바지를 입었어요.

왕밍 씨는 머리가 짧고, 뜨거운 커피를 마셔요.

호앙 씨는 두꺼운 책과 큰 가방이 있어요. 율리아 씨와 같이 이야기를 하는 남자예요.

준코 씨는 머리가 길고 키가 작은 여자예요.

② 호　앙 : 호앙 씨는 한국어 공부를 하고 한국에서 일할 거예요?

라이언 : 음. 지금은 잘 모르겠어요. 한국에서 일을 하고 싶지만 한국어 공부를 하고 캐나다에서 대학교를 다니고 싶어요. 대학교를 졸업하고 다시 한국에 오고 싶어요.

호　앙 : 그렇군요.

라이언 : 호앙 씨는 무엇을 할 거예요?

호　앙 : 저는 한국에서 대학교에 입학해서 한국어 공부를 더 많이 하고 싶어요.

라이언 : 그래요? 왕밍 씨도 한국어 공부를 더 하고 싶어 해요. 호앙 씨도 한국어 선생님이 되고 싶어요?

호　앙 : 아니요, 저는 베트남에 있는 한국 여행사에서 일하고 싶어요.
여행안내원이 될 거예요.

라이언 : 그래서 호앙 씨가 한국어 공부를 정말 열심히 하는군요.

LESSON 20

① 여 자 : 라이언 씨, 이번 주말에 같이 여행 갈까요?

남 자 : 네, 좋아요. 어디로 갈까요?

여 자 : 저는 다 좋아요. 라이언 씨는 어디로 여행을 가고 싶어요?

남 자 : 바다를 보러 갈까요?

여 자 : 바다요? 좋아요.

남 자 : 그럼 동해가 서해보다 더 깨끗하니까 동해로 갑시다.

여 자 : 그렇지만 동해가 서해보다 더 멀어요.

남 자 : 그렇군요. 그럼 시간이 많지 않으니까 서해로 갈까요?

여 자 : 그래요. 주말에 날씨도 좋으니까 서해에 가서 맛있는 음식도 먹고 천천히 구경합시다.

남 자 : 네, 왕밍 씨와 정우 씨도 같이 갈 수 있을까요?

여 자 : 왕밍 씨는 주말에 약속이 있어서 바쁠 거예요.
　　　그렇지만 정우 씨는 같이 갈 수 있을 거예요.
　　　제가 정우 씨에게 전화하겠어요.

1. (1) 여 자 : 라이언 씨, 어디가 아파요?

   남 자 : 배탈이 났어요. 어제부터 토하고 배가 아파요.

   여 자 : 약을 먹고 쉬세요.

   (2) 남 자 : 율리아 씨, 무슨 일이에요?

   여 자 : 피부가 너무 가려워요.

   남 자 : 피부과에 가 보세요. 긁지 마세요.

   (3) 남 자 : 선생님, 엥크 씨는 왜 학교에 안 와요?

   여 자 : 엥크 씨는 감기에 걸려서 학교에 못 와요. 기침도 하고 열도 많이 나요.

   (4) 남 자 : 준코 씨, 지금 어디예요?

   여 자 : 지금 병원이에요.

   남 자 : 어디가 아파요?

   여 자 : 머리가 아프고 어지러워서 병원에 왔어요.

2. 여 자 : 어서 오세요. 어떻게 오셨어요?

   남 자 : 목이 너무 아프고 콧물이 많이 나요.

   여 자 : 여기 앉으세요. 감기에 걸렸군요. 언제부터 아팠어요?

   남 자 : 어제부터 아팠어요.

   여 자 : 오늘은 주사를 맞으세요. 집에서 쉬셔야 해요.

   남 자 : 내일도 병원에 와야 해요?

   여 자 : 아니요, 내일은 집에서 쉬세요.

   남 자 : 네, 고맙습니다.

듣기 대본

LESSON 22

1 안녕하세요? 경기마트에 오신 여러분, 감사합니다. 오늘 과일과 채소를 세일합니다. 오늘이 제일 쌉니다. 10분 후, 5시부터 세일을 시작하겠습니다. 과일이나 채소를 사시는 분들에게는 작은 선물을 드리겠습니다. 그리고 7시부터는 '하나 더 세일'이 있습니다. 과일이나 채소를 7시부터 한 개 더 드리겠습니다. 감사합니다.

2 남 자 : 왕밍 씨는 어떤 영화를 좋아해요?

여 자 : 저는 액션 영화를 가장 좋아해요. 엥크 씨는 어떤 영화가 좋아요?

남 자 : 저는 코미디 영화가 제일 좋아요.

여 자 : 그럼 액션 영화나 코미디 영화를 봅시다.

남 자 : 7시에 코미디 영화를 하고 8시에 액션 영화를 해요.

여 자 : 하지만 7시에는 영화표가 없어요.

남 자 : 그렇군요. 그럼 밥을 먹고 영화를 봅시다.

여 자 : 좋아요.

LESSON 23

1 여기는 교실입니다.

지금 음악을 듣는 사람은 호앙 씨입니다. 휴대폰을 보고 있는 사람은 율리아 씨이고, 잠을 자고 있는 사람은 라이언 씨입니다.

왕밍 씨는 지금 전화를 하고 있고 엥크 씨는 열심히 공부를 하고 있습니다. 책을 읽으면서 커피를 마시는 사람은 준코 씨입니다.

2 다음 주에 한국 학생과 함께 하는 파티가 있습니다.

여러 나라의 요리를 먹으면서 한국 사람과 이야기 할 수 있는 파티입니다.

노래도 하면서 춤도 출 수 있고, 선물도 있습니다. 유학생 여러분 꼭 오세요.

날짜는 12월 3일 토요일이고, 시간은 4시입니다.

장소는 경기대학교 체육관입니다. 마지막으로 돈은 무료입니다.

여 자 : 호앙 씨, 어제 재미있었어요?

남 자 : 네. 정말 재미있었어요. 그 여자도 정말 예뻤고요.

여 자 : 무슨 말이에요?

남 자 : 어제 고등학교 친구를 만났는데 정말 미인이었어요. 고등학교 때는 통통했는데 지금은 날씬하고 예뻐요.

여 자 : 예전에는 안 예뻤어요?

남 자 : 네. 그리고 고등학교 때는 안경을 썼는데 지금은 렌즈를 껴요.

여 자 : 얘기를 들으니까 그 친구의 고등학교 때 사진을 보고 싶군요.

남 자 : 하하하.

LESSON 25

① 여 자 : 어서 오세요. 어떻게 오셨습니까?

남 자 : 안녕하세요? 저 통장을 만들러 왔어요.

여 자 : 이 종이에 이름과 주소를 써 주세요.

남 자 : 여기 있습니다.

여 자 : 신분증도 좀 주시겠어요?

남 자 : 저는 유학생이라 외국인 등록증이 있어요. 이것도 괜찮아요?

여 자 : 네, 괜찮아요. 체크카드도 만들어 드릴까요?

남 자 : 체크카드가 뭐예요?

여 자 : 현금 지급기를 사용할 수 있는 카드예요.
　　　　은행은 9시부터 4시까지인데 현금 지급기는 24시간 사용할 수 있어요.

남 자 : 네, 그러면 만들어 주세요.

여 자 : 여기에 서명을 해 주세요.

(잠시 후)

여 자 : 다 됐습니다. 안녕히 가세요.

남 자 : 네, 감사합니다.

① (1) 여 자 : 지난 주말에 처음으로 제주도에 가 봤어요. 호앙 씨는 제주도에 가 봤어요?

남 자 : 아니요, 안 가 봤어요. 제주도는 어땠어요?

여 자 : 제주도는 정말 아름다웠어요. 또 가고 싶어요. 다음에 같이 갈까요?

남 자 : 네, 좋아요.

(문제) 여자와 남자는 함께 제주도에 갔습니다.

(2) 남 자 : 한국 음식 만들어 봤어요?

여 자 : 네, 한국 요리책을 보면서 여러 가지 음식을 만들어 봤어요.

남 자 : 뭐가 가장 쉽고 맛있었어요?

여 자 : 음……. 된장찌개가 가장 쉽고 맛있었어요.

(문제) 여자는 남자에게 요리를 만들어 주었습니다.

(3) 여 자 : 아르바이트를 하고 싶어서 전화 드렸습니다.

남 자 : 식당에서 일해 봤어요?

여 자 : 아니요, 옷 가게에서는 일해 봤어요.

남 자 : 그러면 우리 식당에서는 아르바이트를 할 수 없어요. 미안해요.

(문제) 여자는 아르바이트를 해 보지 않았습니다.

② 여 자 : 라이언 씨, 부탁이 있어요.

남 자 : 무슨 부탁이요?

여 자 : 영어를 가르쳐 줄 수 있어요? 방학 때 영국에 가는데 영어를 잘 못해서요.

남 자 : 미안해요. 가르쳐 주고 싶은데 학교 숙제도 많고 이번에 한국어 시험도 있어요.
　　　그리고 지금까지 다른 사람을 가르쳐 보지 않았어요.

여 자 : 정말 어렵겠어요?

남 자 : 네, 미안해요.

듣기 대본

LESSON 27

 여 자 : 이번 달에 제주도에 가기로 했지요?

남 자 : 네.

여 자 : 언제 출발하기로 했어요?

남 자 : 다음 주 금요일에 가기로 했어요. 준코 씨도 함께 갑시다.

여 자 : 미안해요. 가고 싶은데 일이 있어서요.

남 자 : 그래요?

여 자 : 제주도는 처음 가지요?

남 자 : 네, 처음이에요. 전부터 가고 싶었는데 시간이 없어서 못 갔어요.
　　　제가 제주도에서 예쁜 선물 사서 준코 씨에게 줄게요.

LESSON 28

 남 자 : 여보세요?

여 자 : 정우 씨, 저 왕밍이에요. 지금 정우 씨 집에 가려고 하는데 어떻게 가야 해요?

남 자 : 수원역에서 720번 버스를 타고 경기대학교 앞에서 내리세요.

여 자 : 경기대학교 앞이요?

남 자 : 네, 거기에서 내려서 10분쯤 걸으면 공원이 있어요. 그 공원을 가기 전에 높은 건물이 있어요. 그
　　　건물 2층이 저희 집이에요.

여 자 : 네, 알겠습니다. 조금 후에 봐요.

memo

과	어휘	품사	뜻
1	한국	명사	
	중국	명사	
	일본	명사	
	몽골	명사	
	미국	명사	
	캐나다	명사	
	베트남	명사	
	러시아	명사	
	프랑스	명사	
	영국	명사	
	독일	명사	
	터키	명사	
	카메룬	명사	
	태국	명사	
	이탈리아	명사	
	선생님	명사	
	학생	명사	
	주부	명사	
	의사	명사	
	간호사	명사	
	가수	명사	
	배우	명사	
	여행안내원	명사	
	회사원	명사	
	군인	명사	
	경찰관	명사	
	운동선수	명사	
	운전사	명사	
	요리사	명사	
	기자	명사	

과	어휘	품사	뜻
1	어느	관형사	
	나라	명사	
	사람	명사	
	이름	명사	
	직업	명사	
	제 N		
2	이것	대명사	
	그것	대명사	
	저것	대명사	
	달력	명사	
	텔레비전	명사	
	시계	명사	
	지도	명사	
	네	감탄사	
	아니요	감탄사	
	휴대폰	명사	
	볼펜	명사	
	문	명사	
	필통	명사	
	칠판	명사	
	공책	명사	
	창문	명사	
	운동화	명사	
	가방	명사	
	우산	명사	
	지우개	명사	
	컵	명사	
	의자	명사	
	안경	명사	
	라이터	명사	

과	어휘	품사	뜻
2	사전	명사	
	나무	명사	
	빗	명사	
	전화기	명사	
	거울	명사	
	책	명사	
	강아지	명사	
	가위	명사	
	휴지	명사	
	책상	명사	
	모자	명사	
	선풍기	명사	
	주스	명사	
	바나나	명사	
	사과	명사	
	버스	명사	
	지하철	명사	
	바지	명사	
	티셔츠	명사	
	물	명사	
	꽃	명사	
	컴퓨터	명사	
	지갑	명사	
	연필	명사	
	시계	명사	
	에어컨	명사	
	텔레비전	명사	
	냉장고	명사	
	침대	명사	
	달력	명사	

과	어휘	품사	뜻
2	지도	명사	
	라디오	명사	
	택시	명사	
	치마	명사	
	구두	명사	
	과일	명사	
	빵	명사	
	비누	명사	
3	여기	대명사	
	저기	대명사	
	거기	대명사	
	어디	대명사	
	편의점	명사	
	가게	명사	
	슈퍼마켓	명사	
	시장	명사	
	백화점	명사	
	미용실	명사	
	서점	명사	
	문구점	명사	
	식당	명사	
	우체국	명사	
	약국	명사	
	병원	명사	
	경찰서	명사	
	은행	명사	
	극장	명사	
	학교	명사	
	도서관	명사	
	교실	명사	

과	어휘	품사	뜻
3	운동장	명사	
	기숙사	명사	
	집	명사	
	버스정류장	명사	
	회사	명사	
	친구	명사	
	가다	동사	
	오다	동사	
	커피숍	명사	
	공원	명사	
	N도	조사	
4	방	명사	
	운동(을) 하다	동사	
	배드민턴	명사	
	달리기	명사	
	치다	동사	
	먹다	동사	
	마시다	동사	
	(잠을) 자다	동사	
	일어나다	동사	
	쓰다	동사	
	읽다	동사	
	듣다	동사	
	말하다	동사	
	가르치다	동사	
	배우다	동사	
	공부하다	동사	
	숙제하다	동사	
	사다	동사	
	쇼핑하다	동사	

과	어휘	품사	뜻
4	(사진을) 찍다	동사	
	웃다	동사	
	울다	동사	
	씻다	동사	
	샤워하다	동사	
	목욕하다	동사	
	빨래하다	동사	
	청소하다	동사	
	운동하다	동사	
	노래하다	동사	
	춤추다	동사	
	이야기하다	동사	
	만나다	동사	
	보다	동사	
	전화하다	동사	
	일하다	동사	
	쉬다	동사	
	운전하다	동사	
	요리하다	동사	
	일하다	동사	
	함께	부사	
	혼자	부사	
5	봄	명사	
	여름	명사	
	가을	명사	
	겨울	명사	
	날씨	명사	
	따뜻하다	형용사	
	맑다	형용사	
	덥다	형용사	

과	어휘	품사	뜻
5	비가 오다/내리다		
	춥다	형용사	
	눈이 오다/내리다		
	시원하다	형용사	
	바람이 불다		
	요즘(요즈음)	명사	
	어떻다	형용사	
	아주	부사	
	많이	부사	
	좋다	형용사	
	살다	동사	
	뉴스	명사	
	전국	명사	
	흐리다	형용사	
	부산	명사	
	나쁘다	형용사	
	번개가 치다		
	N의	조사	
	구름	명사	
	세계	명사	
	조금	부사	
	서울	명사	
	제주도	명사	
	오늘	명사	
	내일	명사	
6	밖	명사	
	옆	명사	
	왼쪽	명사	
	오른쪽	명사	
	가운데	명사	

과	어휘	품사	뜻
6	위	명사	
	아래/밑	명사	
	일	명사	
	이	명사	
	삼	명사	
	사	명사	
	오	명사	
	육	명사	
	칠	명사	
	팔	명사	
	구	명사	
	십	명사	
	일층	명사	
	이층	명사	
	삼층	명사	
	사층	명사	
	오층	명사	
	육층	명사	
	칠층	명사	
	팔층	명사	
	구층	명사	
	십층	명사	
	죄송하다	동사	
	화장실	명사	
	휴지	명사	
	몇	명사	
	층	명사	
	감사하다	동사	
	직원	명사	
	아주머니	명사	

어휘·색인 정리

과	어휘	품사	뜻
6	엘리베이터	명사	
	지하	명사	
	수박	명사	
	빵	명사	
7	예쁘다	형용사	
	통통하다	형용사	
	크다	형용사	
	작다	형용사	
	많다	형용사	
	적다	형용사	
	길다	형용사	
	짧다	형용사	
	높다	형용사	
	낮다	형용사	
	빠르다	형용사	
	느리다	형용사	
	싸다	형용사	
	비싸다	형용사	
	맛있다	형용사	
	맛없다	형용사	
	재미있다	형용사	
	재미없다	형용사	
	더럽다	형용사	
	깨끗하다	형용사	
	조용하다	형용사	
	시끄럽다	형용사	
	바쁘다	형용사	
	아프다	형용사	
	배고프다	형용사	
	기쁘다	형용사	

과	어휘	품사	뜻
7	슬프다	형용사	
	지금	명사	
	-에 다니다	동사	
	좋다	형용사	
	싫다	형용사	
	나쁘다	형용사	
	어렵다	형용사	
	쉽다	형용사	
	심심하다	형용사	
	편하다	형용사	
	불편하다	형용사	
	다르다	형용사	
	싫어하다	동사	
	좋아하다	동사	
	뚱뚱하다	형용사	
	날씬하다	형용사	
	귀엽다	형용사	
	멋있다	형용사	
	배부르다	형용사	
8	아침	명사	
	점심	명사	
	저녁	명사	
	밤	명사	
	오전	명사	
	오후	명사	
	어제	명사	
	오늘	명사	
	내일	명사	
	주말	명사	
	일요일	명사	

과	어휘	품사	뜻
8	월요일	명사	
	화요일	명사	
	수요일	명사	
	목요일	명사	
	금요일	명사	
	토요일	명사	
	시험	명사	
	무슨	대명사	
	일	명사	
	시간이 있다		
	생활	명사	
	항상	부사	
	모두	명사	
	맞다	동사	
	영화표	명사	
9	지난주	명사	
	이번 주	명사	
	다음 주	명사	
	지난달	명사	
	이번 달	명사	
	다음 달	명사	
	지난해	명사	
	올해	명사	
	다음 해	명사	
	작년	명사	
	금년	명사	
	내년	명사	
	모레	명사	
	그저께	명사	
	일	명사	

과	어휘	품사	뜻
9	월	명사	
	며칠	명사	
	몇	관형사	
	일월	명사	
	이월	명사	
	삼월	명사	
	사월	명사	
	오월	명사	
	유월	명사	
	칠월	명사	
	팔월	명사	
	구월	명사	
	시월	명사	
	십일월	명사	
	십이월	명사	
	언제	부사	
	생일	명사	
	노래방	명사	
	맥주	명사	
	학생 식당	명사	
	산	명사	
10	보통	부사	
	시	명사	
	분	명사	
	뭐 (무엇)	대명사	
	N쯤(에)	접사	
	스무 살		
	연세	명사	
	아침/점심/저녁을 먹다		
	보통	부사	

어휘·색인 정리

과	어휘	품사	뜻
10	약	명사	
	괜찮다	형용사	
11	계시다	동사	
	명 / 분	명사	
	남동생/여동생	명사	
	다니다	동사	
	께서(는)	조사	
	살다	동사	
	할아버지	명사	
	할머니	명사	
	어머니	명사	
	아버지	명사	
	누나 / 언니	명사	
	형 / 오빠	명사	
	외할아버지	명사	
	외할머니	명사	
	아들	명사	
	딸	명사	
	부모님	명사	
	결혼하다	동사	
	결혼 기념일	명사	
	진지	명사	
	생신	명사	
	댁	명사	
	성함	명사	
	연세	명사	
	분	명사	
	주무시다	동사	
	계시다	동사	
	드시다	동사	

과	어휘	품사	뜻
11	드리다	동사	
	돌아가시다	동사	
12	개	명사	
	병	명사	
	잔	명사	
	권	명사	
	장	명사	
	봉지	명사	
	송이	명사	
	대	명사	
	채	명사	
	자루	명사	
	명	명사	
	마리	명사	
	어서 오세요		
	그리고	부사	
	또	부사	
	귤	명사	
	팔다	동사	
	모두	명사	
	달다	형용사	
	맵다	형용사	
	쓰다	형용사	
	짜다	형용사	
	시다	형용사	
	원	의존명사	
	얼마	명사	
13	된장찌개	명사	
	김치찌개	명사	
	김밥	명사	

과	어휘	품사	뜻
13	냉면	명사	
	짜장면	명사	
	탕수육	명사	
	불고기	명사	
	삼계탕	명사	
	비빔밥	명사	
	갈비	명사	
	라면	명사	
	미역국	명사	
	빵	명사	
	과자	명사	
	케이크	명사	
	피자	명사	
	햄버거	명사	
	스파게티	명사	
	녹차	명사	
	커피	명사	
	팥빙수	명사	
	주스	명사	
	콜라	명사	
	사이다	명사	
	삼겹살	명사	
	정문	명사	
	그러면/그럼	부사	
	너무	부사	
	잠깐만	부사	
	걷다	동사	
	판	명사	
	집(식당)	명사	
	여기	대명사	

과	어휘	품사	뜻
13	조각	명사	
	드리다	동사	
	퇴근 시간	명사	
	먼저	부사	
14	버스	명사	
	자전거	명사	
	택시	명사	
	비행기	명사	
	배	명사	
	기차	명사	
	자동차	명사	
	오토바이	명사	
	지하철	명사	
	광화문	명사	
	세종문화회관	명사	
	대사관	명사	
	인사동	명사	
	버스 정류장	명사	
	후문	명사	
	정문	명사	
	종로	명사	
	어떻게	부사	
	번	의존명사	
	타다	동사	
	다	부사	
	내리다	동사	
	끝나다	동사	
	놀이공원	명사	
15	매일	부사	
	코엑스몰	명사	

과	어휘	품사	뜻
15	사당역	명사	
	삼성역	명사	
	N호선	명사	
	N쪽/N 쪽	의존명사	
	걸어가다	동사	
	몰라요		
	아니에요		
	정말	부사	
	저	감탄사	
	우산을 쓰다		
	나오다	동사	
16	생일	명사	
	파티	명사	
	축하하다	동사	
	N들	의존명사	
	선물(하다)	동사	
	카드	명사	
	초대하다	동사	
	귀걸이	명사	
	주다	동사	
	받다	동사	
	호프집	명사	
	여러분	대명사	
	맥주	명사	
17	취미	명사	
	사진 찍기		
	좋다	형용사	
	좋아하다	동사	
	컴퓨터 게임	명사	
	산책하다	동사	

과	어휘	품사	뜻
18	약속이 있다		
	테니스를 치다		
	잘	부사	
	못	부사	
	잘 못	부사	
	잘하다	부사	
	못하다	부사	
	잘 못하다	부사	
	닫다	동사	
	테니스장	명사	
	열다	동사	
	닫다	동사	
	팝콘	명사	
	낮	명사	
	프랑스어	명사	
	포도	명사	
	열심히	부사	
19	일	명사	
	문화	명사	
	대학교	명사	
	되다	동사	
	졸업하다	동사	
	여행사	명사	
	통역사	명사	
	찾다	동사	
	몸	명사	
	마음	명사	
	건강하다	형용사	
	경기	명사	
	이기다	동사	

어휘·색인 정리

과	어휘	품사	뜻
19	들다	동사	
20	여행을 가다		
	여행을 하다		
	그렇지만	부사	
	괜찮다	형용사	
	부산	명사[지명]	
	간식	명사	
	동해	명사	
	서해	명사	
	천천히	부사	
	구경하다	동사	
	춘천	명사[지명]	
	남이섬	명사[지명]	
	강	명사	
	하늘	명사	
	닭갈비	명사	
	유명하다	형용사	
	아르바이트를 하다		
21	몸	명사	
	어깨	명사	
	가슴	명사	
	팔	명사	
	손	명사	
	손가락	명사	
	허리	명사	
	배	명사	
	다리	명사	
	무릎	명사	
	발	명사	
	발가락	명사	

과	어휘	품사	뜻
21	머리	명사	
	머리카락	명사	
	눈	명사	
	귀	명사	
	코	명사	
	입	명사	
	이 / 치아	명사	
	입술	명사	
	열이 나다		
	기침을 하다		
	콧물이 나다		
	감기에 걸리다		
	몸살이 나다		
	다치다	동사	
	피가 나다		
	부러지다	동사	
	체하다	동사	
	배탈이 나다		
	가렵다	형용사	
	토하다	동사	
	눈물이 나다		
	눈이 충혈되다		
	N이/가 아프다	형용사	
	내과	명사	
	외과	명사	
	치과	명사	
	안과	명사	
	피부과	명사	
	유자차	명사	
	주사를 맞다		

과	어휘	품사	뜻
21	어지럽다	형용사	
22	스파게티	명사	
	토마토	명사	
	양파	명사	
	김밥	명사	
	세일	명사	
	야채(채소)	명사	
	액션 영화	명사	
	코미디 영화	명사	
	저녁을 하다		
	제일/가장	부사	
	먼저	부사	
	싱싱하다	형용사	
23	체육관	명사	
	유학생	명사	
	무료	명사	
	아내	명사	
	어울리다	동사	
	여보세요		
	오래간만	명사	
	지내다	동사	
	아르바이트를 하다		
	나중에	부사	
	식사	명사	
	식사하다	동사	
24	건강하다	형용사	
	행복하다	형용사	
	계속	부사	
	노인정	명사	
	그래서	부사	

과	어휘	품사	뜻
	돌아가시다	동사	
	앞으로		
	친절하다	형용사	
	불친절하다	형용사	
	심심하다	형용사	
	조용하다	형용사	
	예전	명사	
	미인	명사	
	콘택트렌즈	명사	
	초대	명사	
	친절하다	형용사	
	생신 선물	명사	
	조용하다	형용사	
25	영수증	명사	
	확인	명사	
	맞다	동사	
	하루	명사	
	달러	명사	
	환전	명사	
	환율[화뉼]	명사	
	통장	명사	
	주소	명사	
	신분증	명사	
	외국인 등록증	명사	
	체크카드	명사	
	현금 지급기	명사	
	서명	명사	
26	아르바이트	명사	
	광고	명사	
	N달/N개월		

과	어휘	품사	뜻
26	N 때		
	면접	명사	
	뵙다	동사	
	얼마나	부사	
	주문	명사	
	칼국수	명사	
	한복	명사	
	구경하다	동사	
	아름답다	형용사	
	생선	명사	
	여러	관형사	
	가지	의존명사	
27	파티	명사	
	모이다	동사	
	참가비	명사	
	교환하다		
	바로	부사	
	무료	명사	
	바꾸다	동사	
	출발하다	동사	
28	방학	명사	
	동안	명사	
	고향	명사	
	설악산	명사	
	새해	명사	
	해돋이	명사	
	막히다	동사	
	건물	명사	
	소원	명사	
	빌다	동사	
	기차표	명사	

memo

memo

좋다!! 한국어 1

초판 1쇄 인쇄   2019년 6월 1일
초판 1쇄 발행   2019년 6월 5일
저 자   경기대학교 국제교육원
펴낸이   임 순 재
펴낸곳   **(주)한올출판사**

등 록   제11-403호
주 소   서울시 마포구 모래내로 83(성산동 한올빌딩 3층)
전 화   (02) 376-4298(대표)
팩 스   (02) 302-8073
홈페이지   www.hanol.co.kr
e-메일   hanol@hanol.co.kr
ISBN   979-11-5685-776-1